　このカラーページに掲載してあるこぎん作品の一端は、今まで作りためてきたものの中で、色糸を使えばこんな作品もできるといった新しいものから、タペストリーのように紺と白のオーソドックスな作品や小物にいたるまで多様な作品を紹介しています。
　その多くは参考作品ですが、この図案集の中より好みの図案に替えて、自分なりの作品を創りだす楽しみもあるかと思います。
　そんな創作の一助になればと願っております。

出初め式　72×102㎝　参考作品
3D アート制作／水野舞麗氏
こぎん刺し／フレームと背景

印半纏（永 六輔氏）　参考作品

浅草寺／名所江戸百景　90×50㎝　参考作品

深川木場／名所江戸百景　90×50㎝　参考作品

002 タペストリー「国際交流 2012」 190×104㎝ 図案10ページ

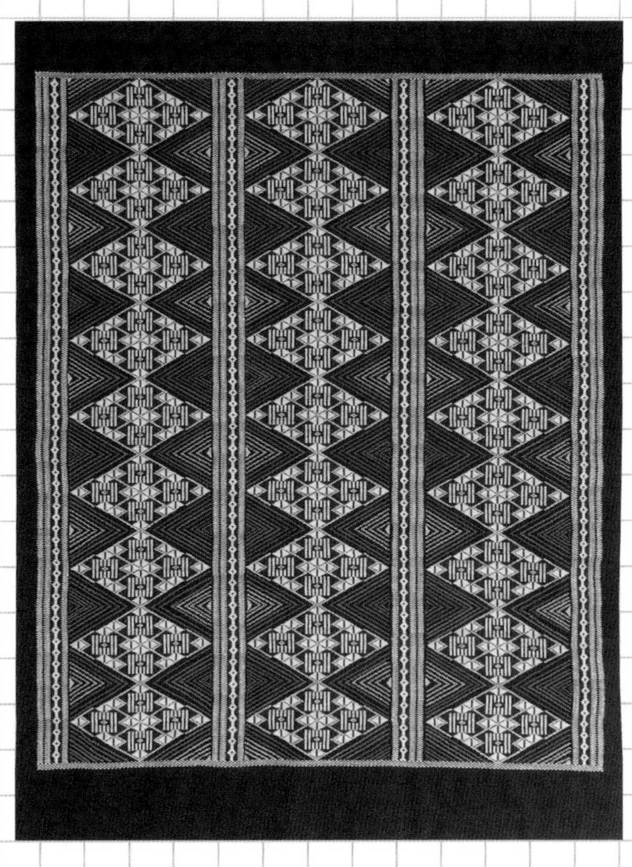

007 タペストリー 117×86㎝ 図案20ページ

003 掛け軸 153×46㎝ 図案12ページ

009 タペストリー 180×94㎝ 図案22ページ

006 つみ笠（富士山） 55 × 77㎝　一部図案 18ページ

上・平塚宿／東海道五十三次　42 × 65㎝　参考作品
中・鞠子宿／東海道五十三次　48 × 70㎝　参考作品
下・舞阪宿／東海道五十三次　48 × 70㎝　参考作品

004 タペストリー　187 × 87㎝　図案14ページ

カントリー風シャツ
一部図案 34 ページ

060 手毬模様のシャツ
図案 47 ページ

ダウンベスト
図案 35、73 ページ

ペットボトルカバー 参考作品

011 クッションカバー
一部図案 24 ページ

010 トートバッグ
図案 23 ページ

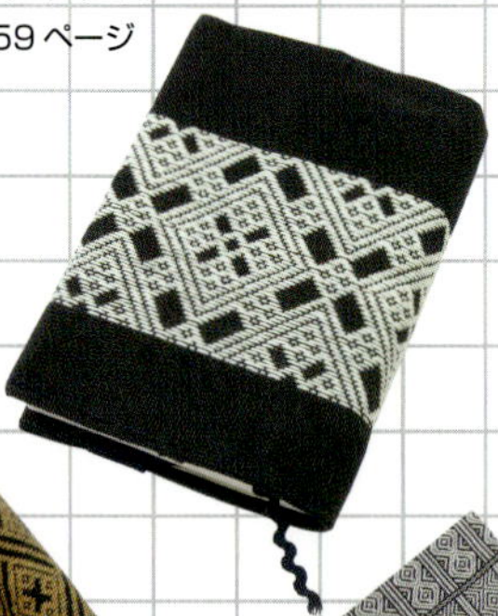

085 ブックカバー
図案 59 ページ

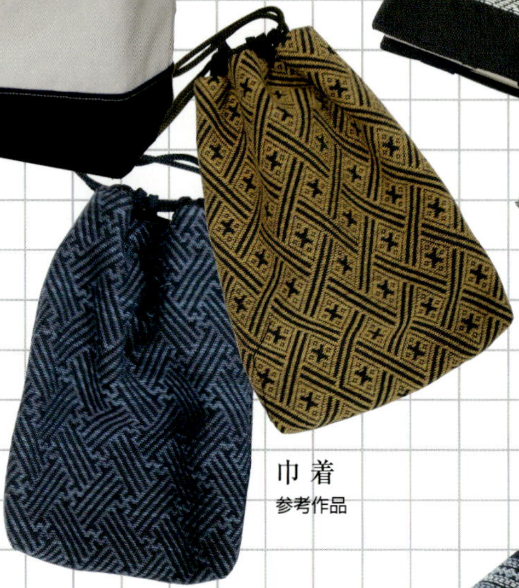

巾着
参考作品

009 帯地
一部図案 22 ページ

子供用の帯 参考作品

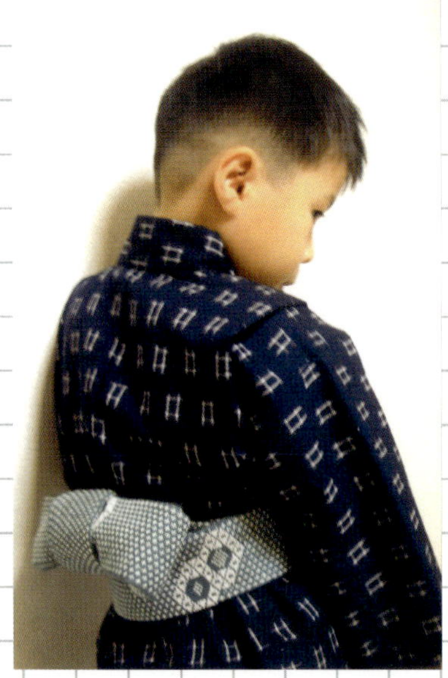

角帯
上 / 参考作品
下 / 図案 64 ページ

伝統のこぎん刺し

続・こぎん刺し図案集 *118* パターン

はじめに

こぎん刺しは津軽地方の伝統を基に今日まで連綿と刺し継がれた刺繍です。藍の布地に白い綿糸で緯糸に沿って、経糸の数を数えながら横一線に刺し模様を作り出します。藍地に白糸の美しいコントラストで幾何模様を描出させるこぎん刺しは、実用的な丈夫さという一面と共にモダンさをも兼ね備えています。現在では若い人達が様々な刺し方を駆使し、単に刺すというよりは多様な芸術作品に作り上げています。

私も伝統を守りつつ、新しいものにも挑戦してまいりました。

本書では「つみ笠(富士山)」を始め、東海道五十三次の内「平塚」「鞠子」「舞阪」など、こぎん刺しもここまで出来るといった意味で、参考として掲載しています。

また、「出初め式」の 3D アートに関しては、水野舞麗先生と共同作業で新しい分野にも手を染めてみました。内容的にも新しい図柄や創作図案などの作品も多く取り入れています。

こぎん刺しの図案集としては二冊目となりますが、本書が多くの愛好者の皆様にとりまして、多少なりともお役に立てれば幸いに存じます。

本書刊行にあたり多くの方々の御協力をいただき有難うございました。

高木裕子

目　次

著者制作の半纏を着る永 六輔氏

こぎん刺しの基礎

材料と用具

◆布

コングレスクロス・・・木綿平織地で、こぎん刺しに最適な布です。

ミニコングレスクロス・・・コングレスクロスよりもやや細い糸で細かく織られています。

麻平織地・・・帯やタペストリーに使います。

ファンシーヘッシャン・・・麻平織地で、太めの糸で粗目に織られ、タペストリーなどに使います。

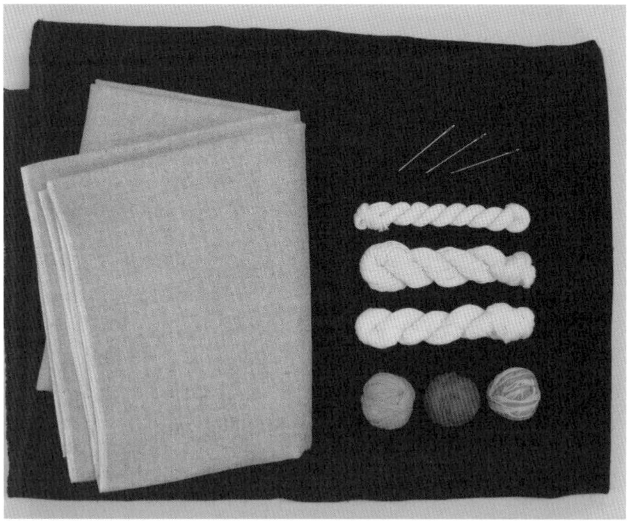

◆糸

こぎん生成糸・・・木綿の甘縒りの糸で、こぎん刺し用として6本縒り、8本縒り、12本縒りがあり、布の種類に応じて使い分けます。

こぎん染糸・・・こぎん生成糸や織用の結束糸を特注で染めたものです。8本縒りがあります。

野蚕糸《やさんし》・・・野生の蚕から作られた絹糸です。

◆針

こぎん針・・・専用のこぎん針を使います。

◆その他の用具

2ミリ方眼紙・・・図案を創作する場合や、図案の続きが分かりにくいとき、書き加える場合に便利です。

マグネットマーカー・・・メタルプレートの上に図案を置いて、刺している段にマグネットを合わせ、図案を確認しながら刺していきます。

指ぬき・しつけ糸・定規・ハサミ（大・小）

図案の見方と配置の仕方

◆図案の見方

① 方眼1目を緯糸1本、経糸1本に数えます。

② 図案中で、横の太い線は布の表に刺した糸が渡る目数です。線が書かれていない部分は、方眼の数だけ刺した糸が布の裏側を渡ります。

③ **図案が半分しかない場合**　図案が左右対称の場合は縦中心を決め、一方の側を刺し、次に反対に向かって図案を追っていきます。また、図案が1/4しかない場合でも考え方は同じで、縦中心線から反対に見て、半分刺し終わったところで、横中心線から反対に半分を見ます。

④ **総模様の場合**　1模様がどこから始まり、どこで終わるかを見極め、入れる模様数だけ繰り返し、終わりは始まりと同じようになるようにします。つまり左右・上下対称に模様を配置します。

◆配置の仕方

図案の目数と段数を数え、布の中心と図案の中心を合わせ、模様の大きさや配置を確かめてから布を裁ちます。

糸の染色

こぎん刺しで使われる染糸は、現在も手作業で染められています。煮出して抽出した草木の原液に媒染剤を混ぜ、浸しては返し、浸しては返しの繰り返しの作業です。水洗いで色落ちがなくなったところで脱水、乾燥します。

草木染は原材料の状態や媒染剤との相互作用のため、釜違いによって色の再現性が一定しませんが、日本人の感性に合ったやわらかく暖かく、また渋い味わいのある風合いに染めあがります。それとは逆に、色の再現性に優れ、明るく鮮やかな色味が必要な作品には、草木染に代わって化学染料が使われることもあります。

ヨモギの葉を使った浸し染め作業

柿渋エキスを使った作業

自然乾燥の様子

001 タペストリー172×85㎝　表2カバー

002 タペストリー「国際交流2012」口絵2ページ

003

掛け軸

153 × 46㎝

口絵 2 ページ

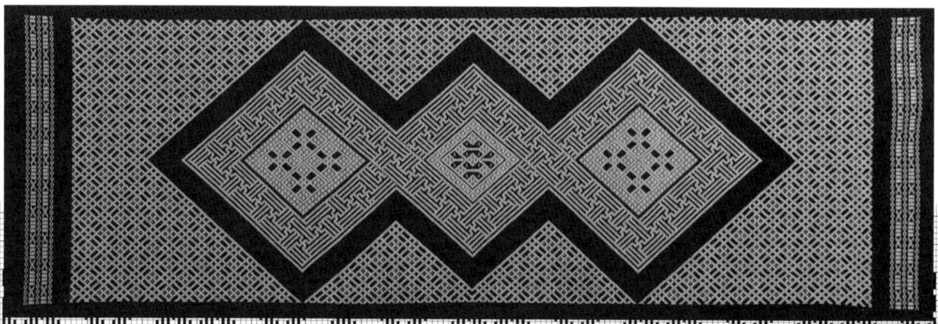

004 タペストリー 187 × 87㎝　口絵3ページ

005

タペストリー

103 × 47㎝

006 「つみ笠」の背景　55 × 77㎝　口絵 3 ページ

007 タペストリー117×86㎝　口絵2ページ

008 笹蔓文様

009 タペストリー・帯地　口絵2・4ページ

010 トートバッグ　口絵4ページ

011

タペストリー「梅便り」87 × 47㎝
口絵 4 ページ(クッションカバー)

012
タペストリー「大まんじ」
87 × 47cm

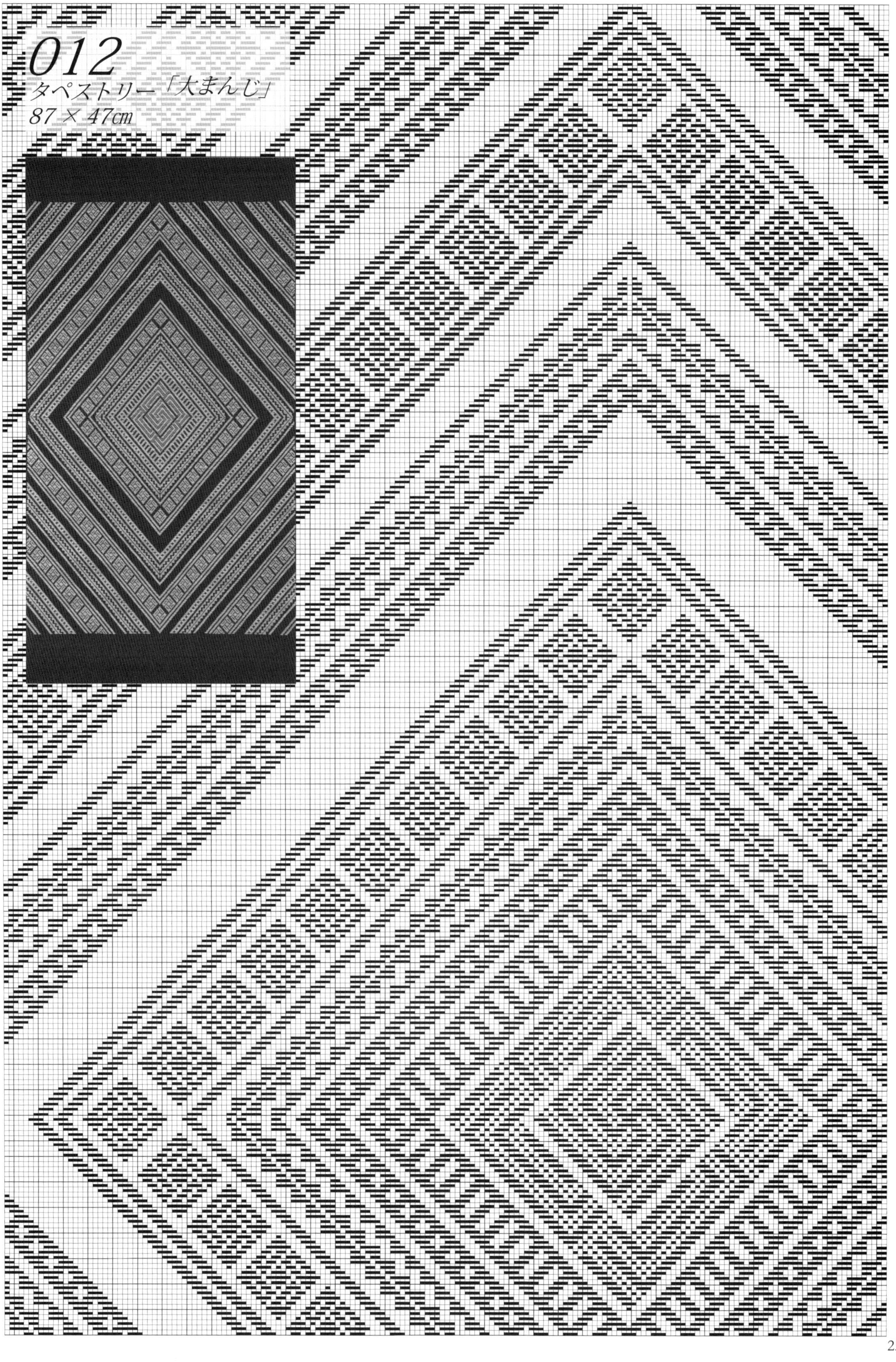

013 柿 葉

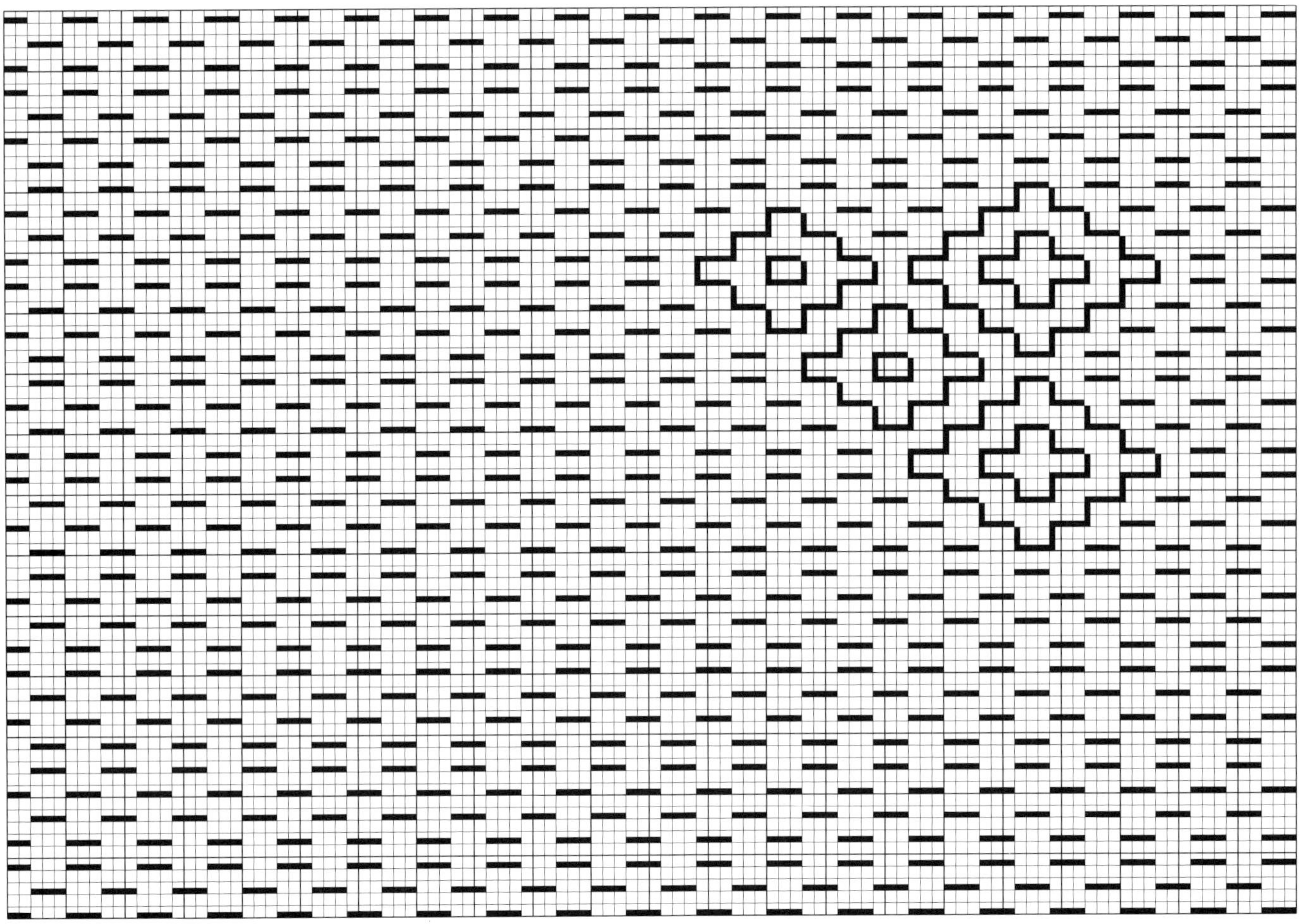

014 花十字つなぎ

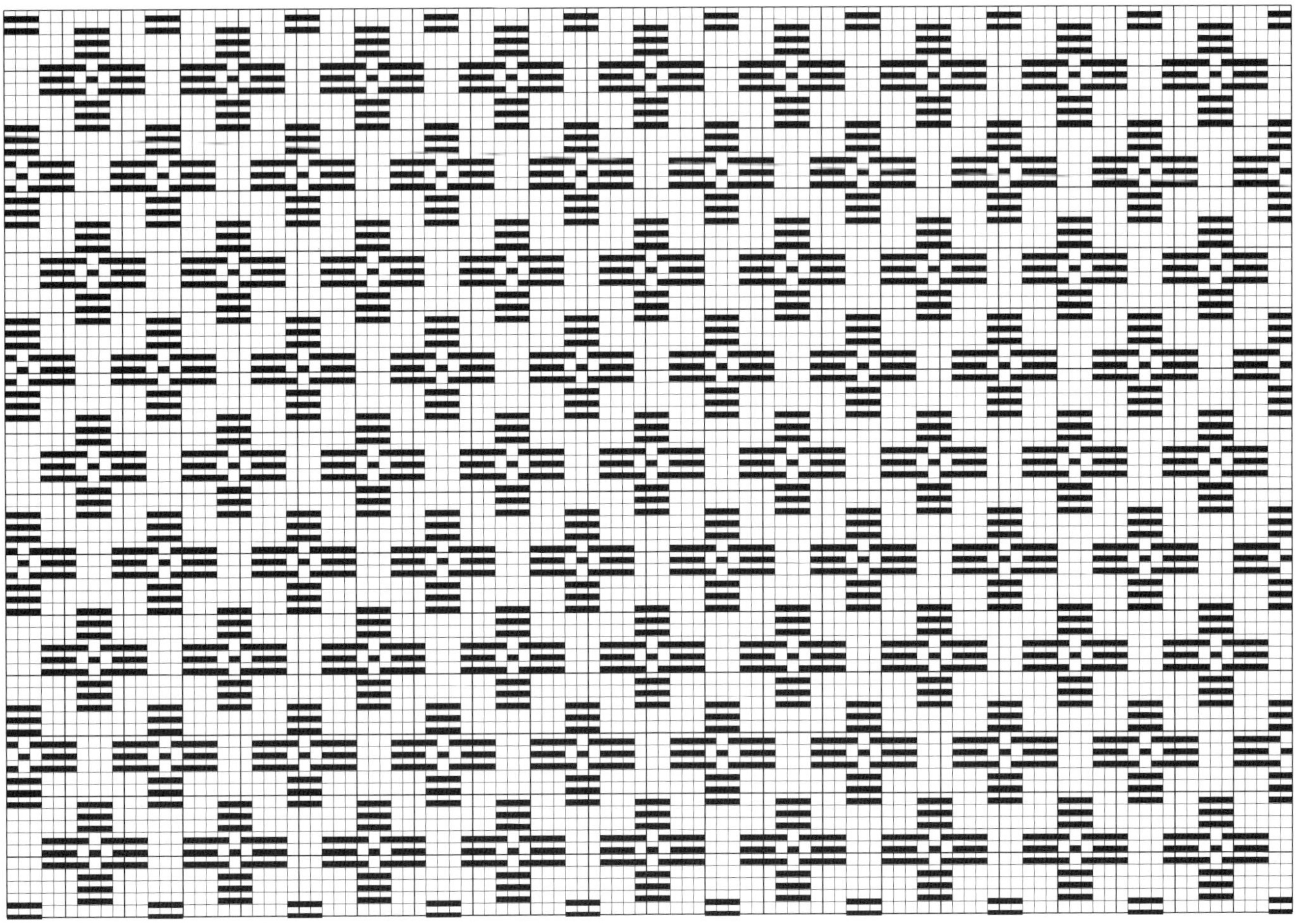

015 タペストリー 165×83cm

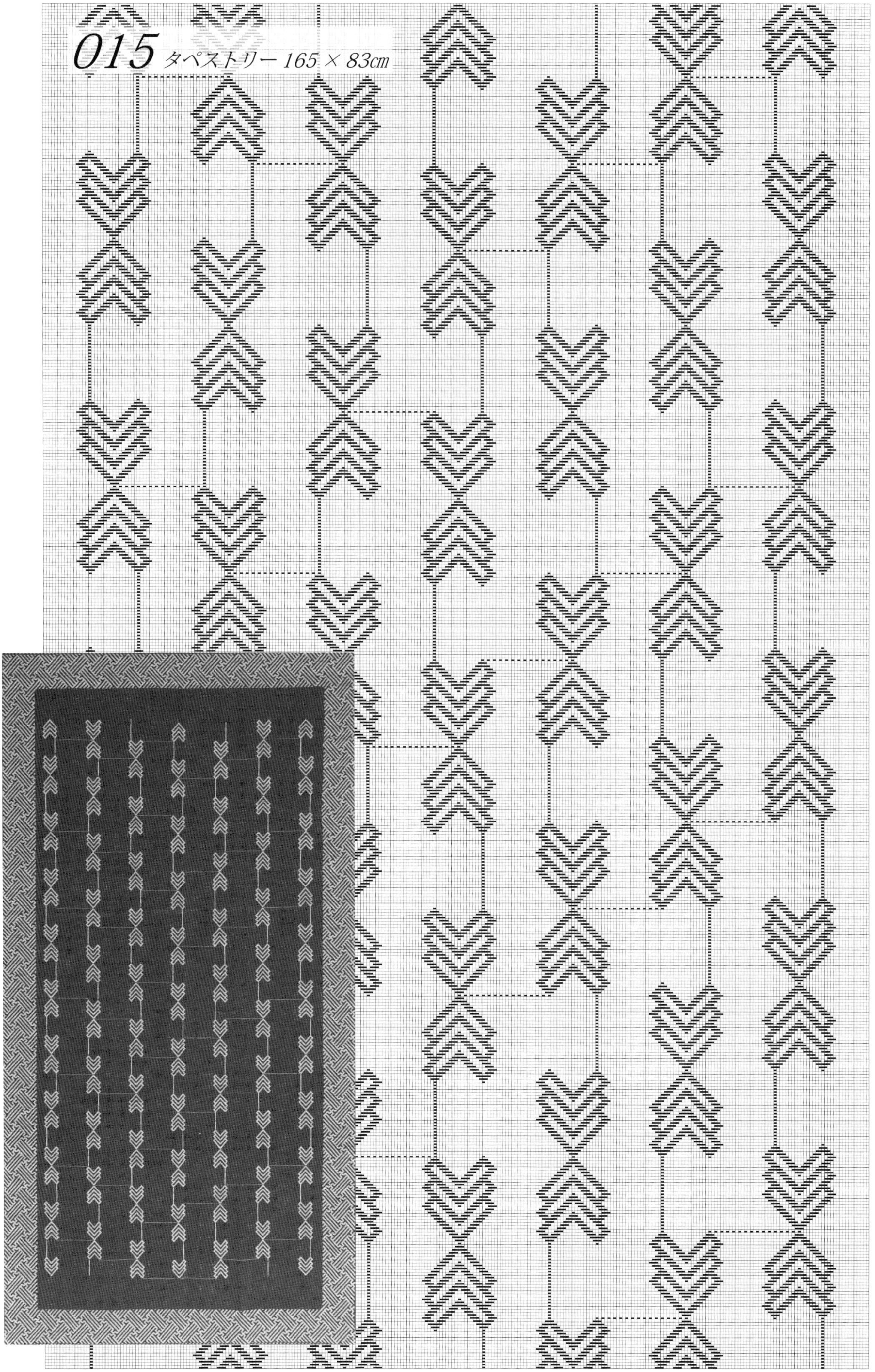

016

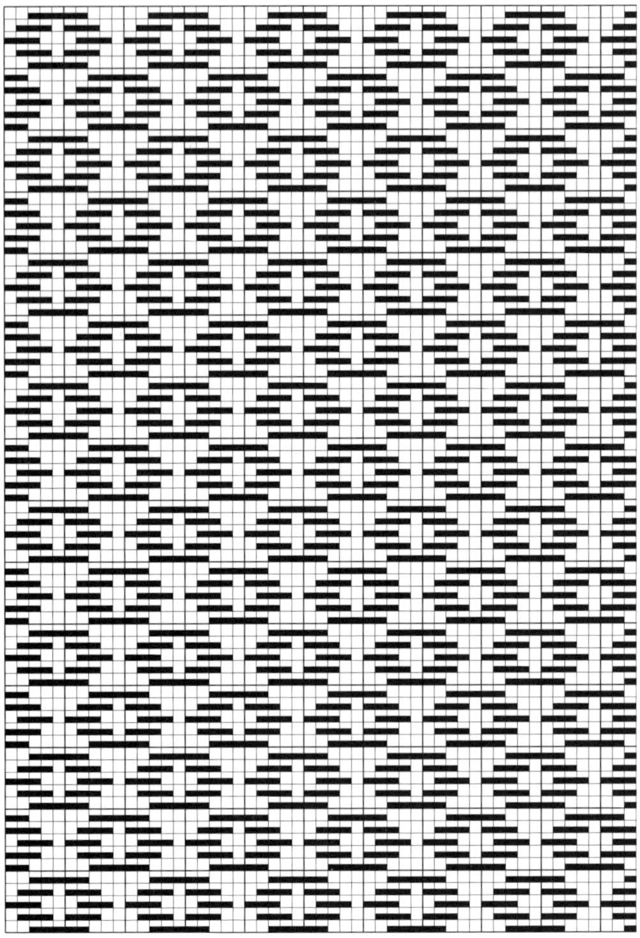

017

018

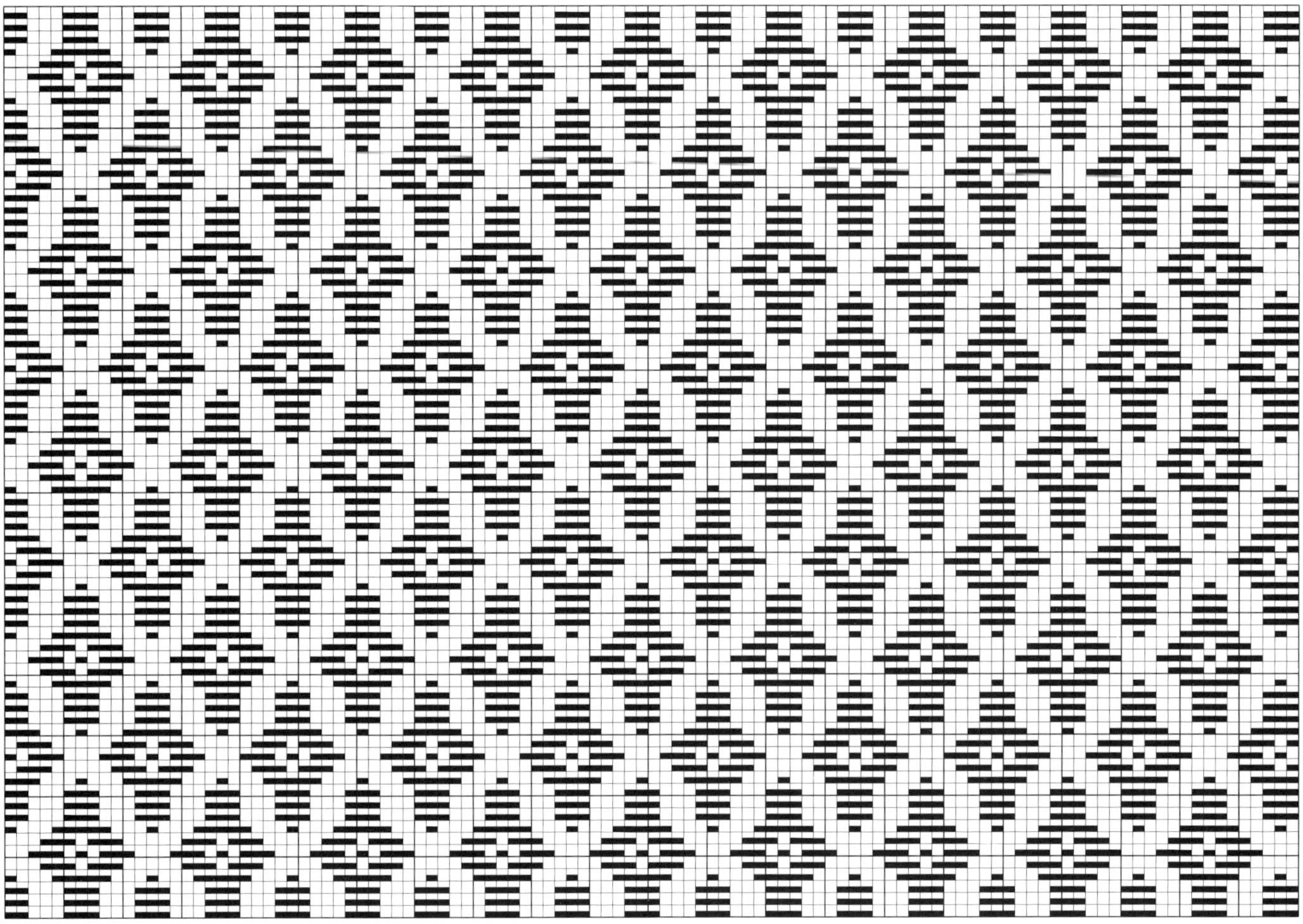

019 キャッツアイ

020

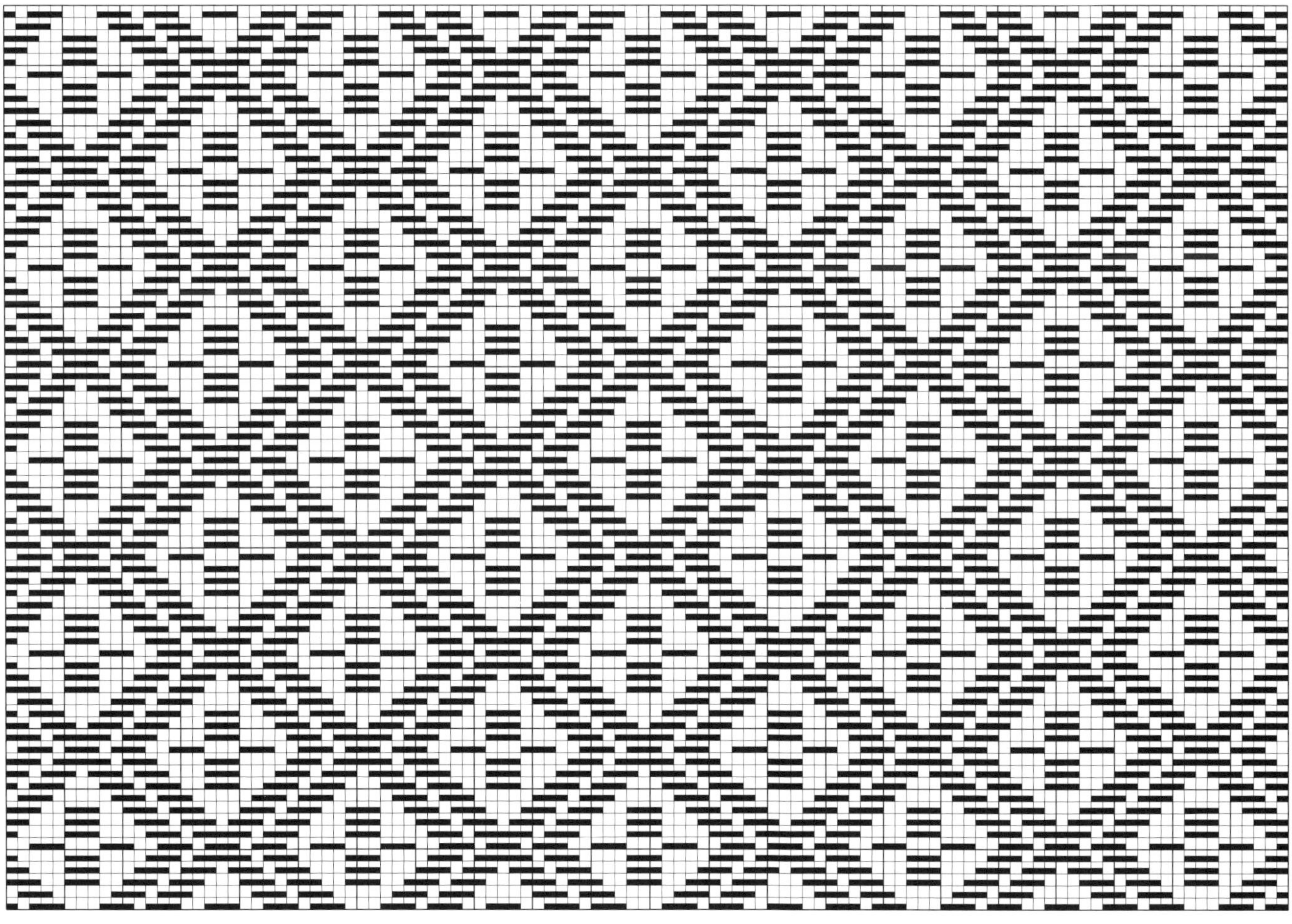

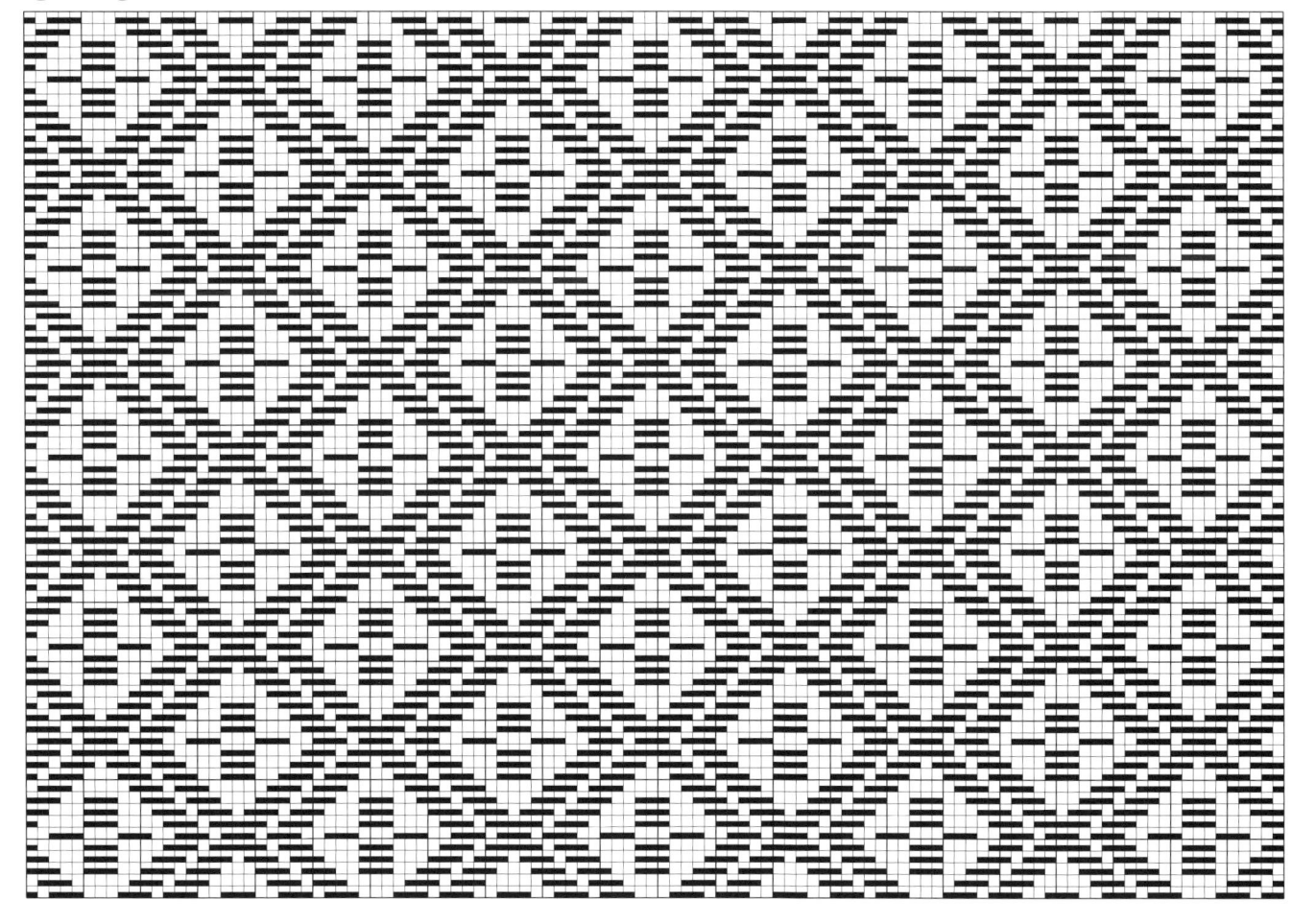

021 変わりアジロA

022 変わりアジロB

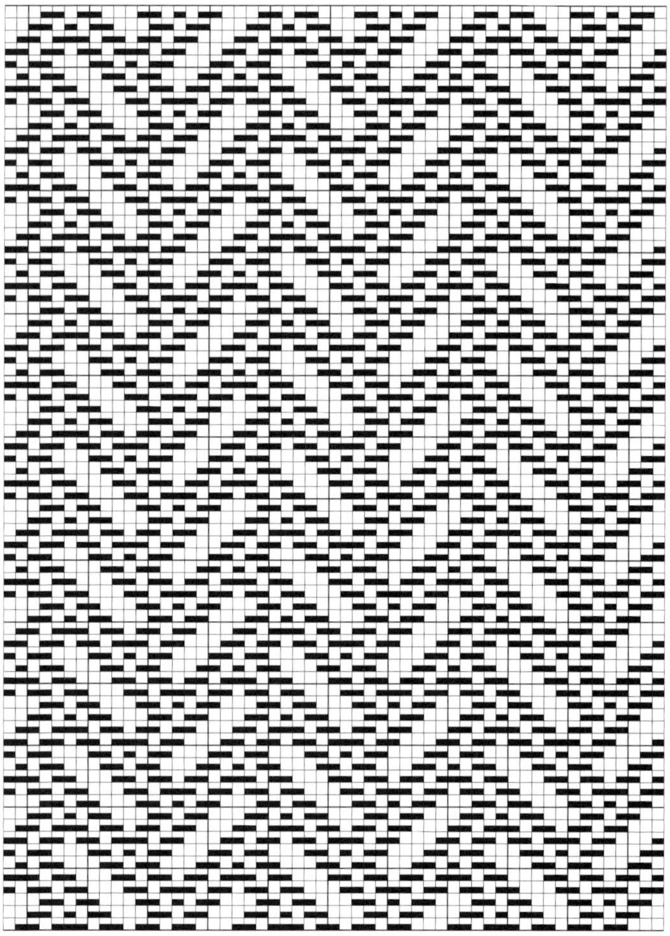

023 十字ながれ

024 桜便り

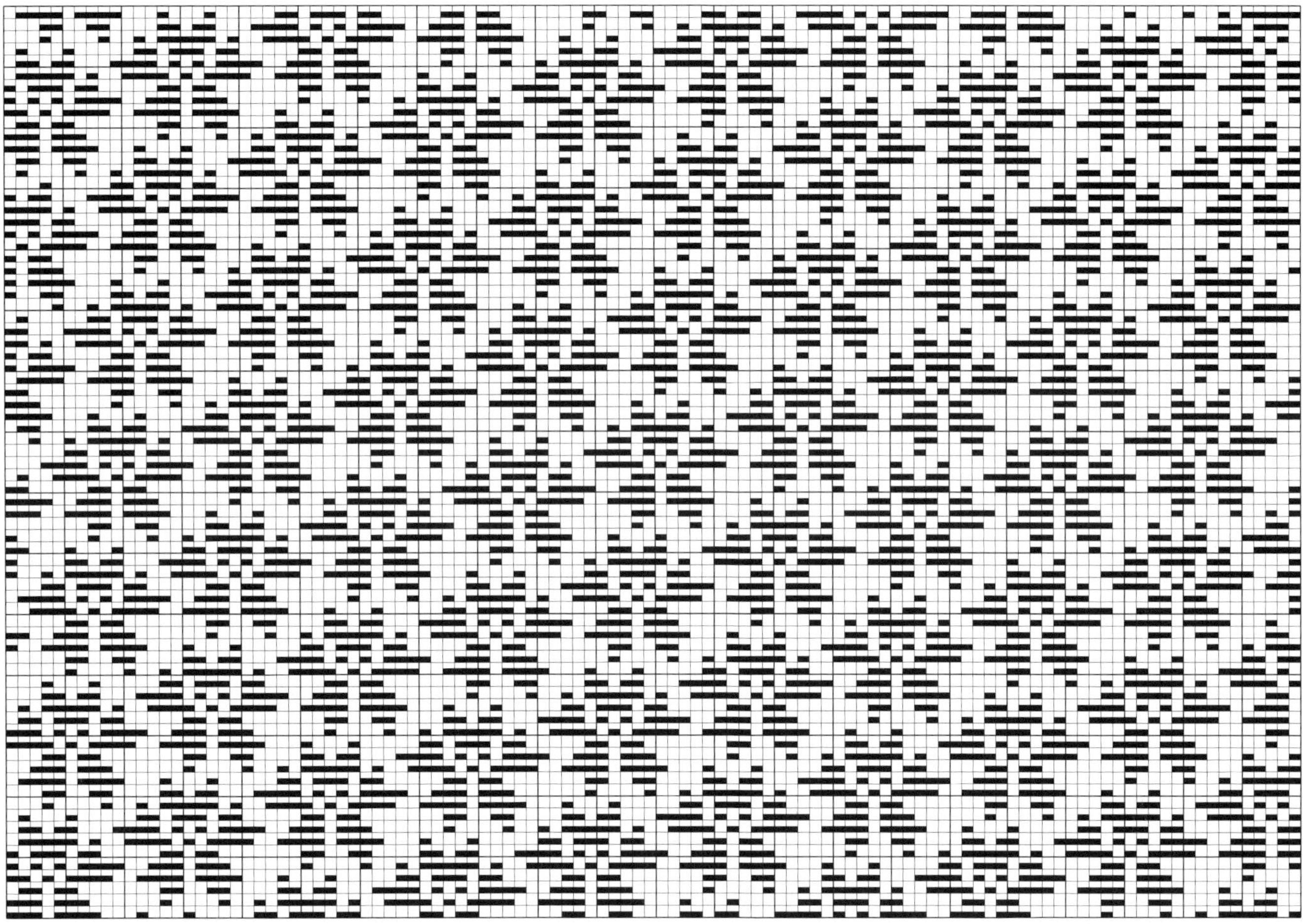

025 花菖蒲

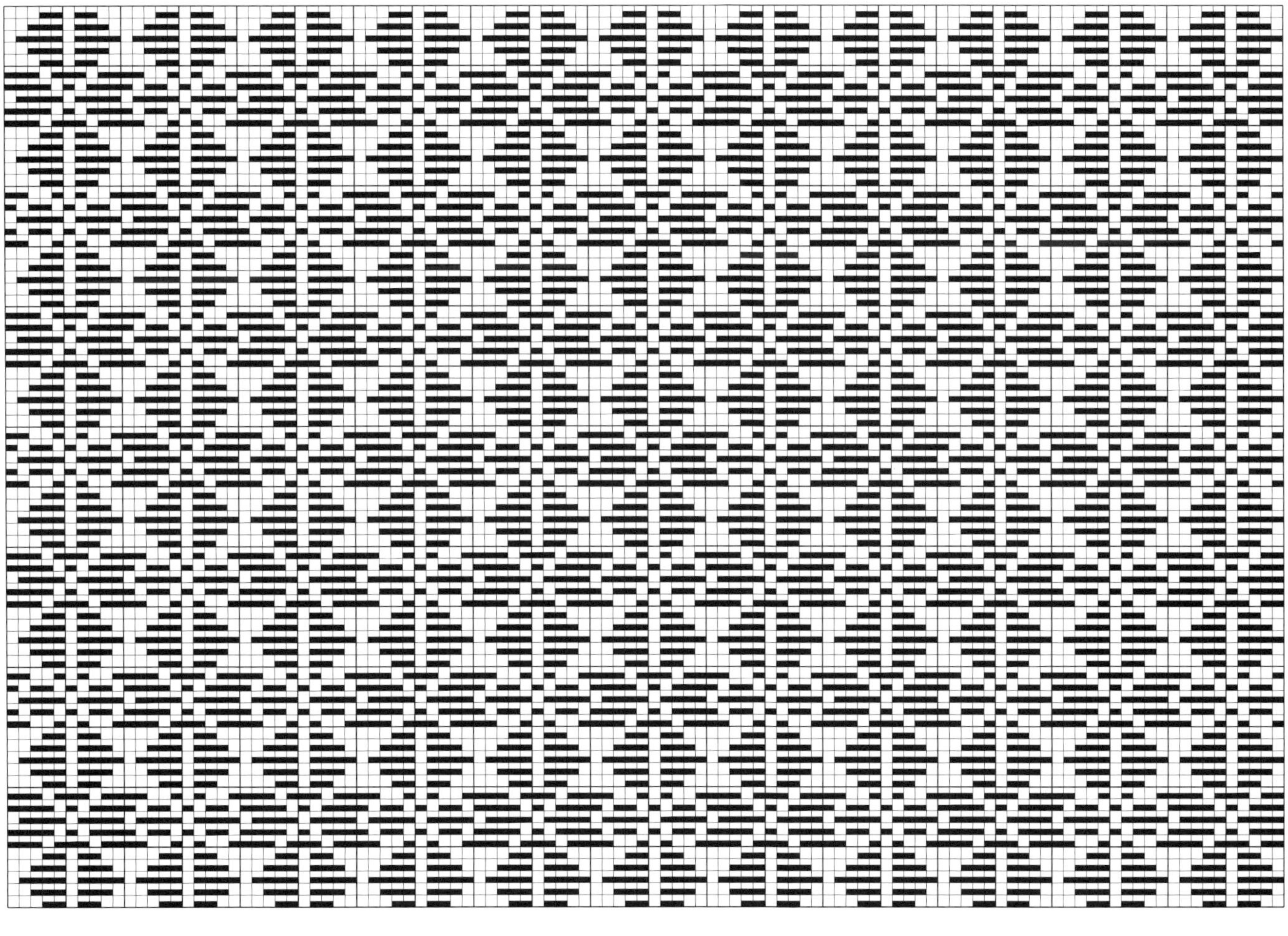

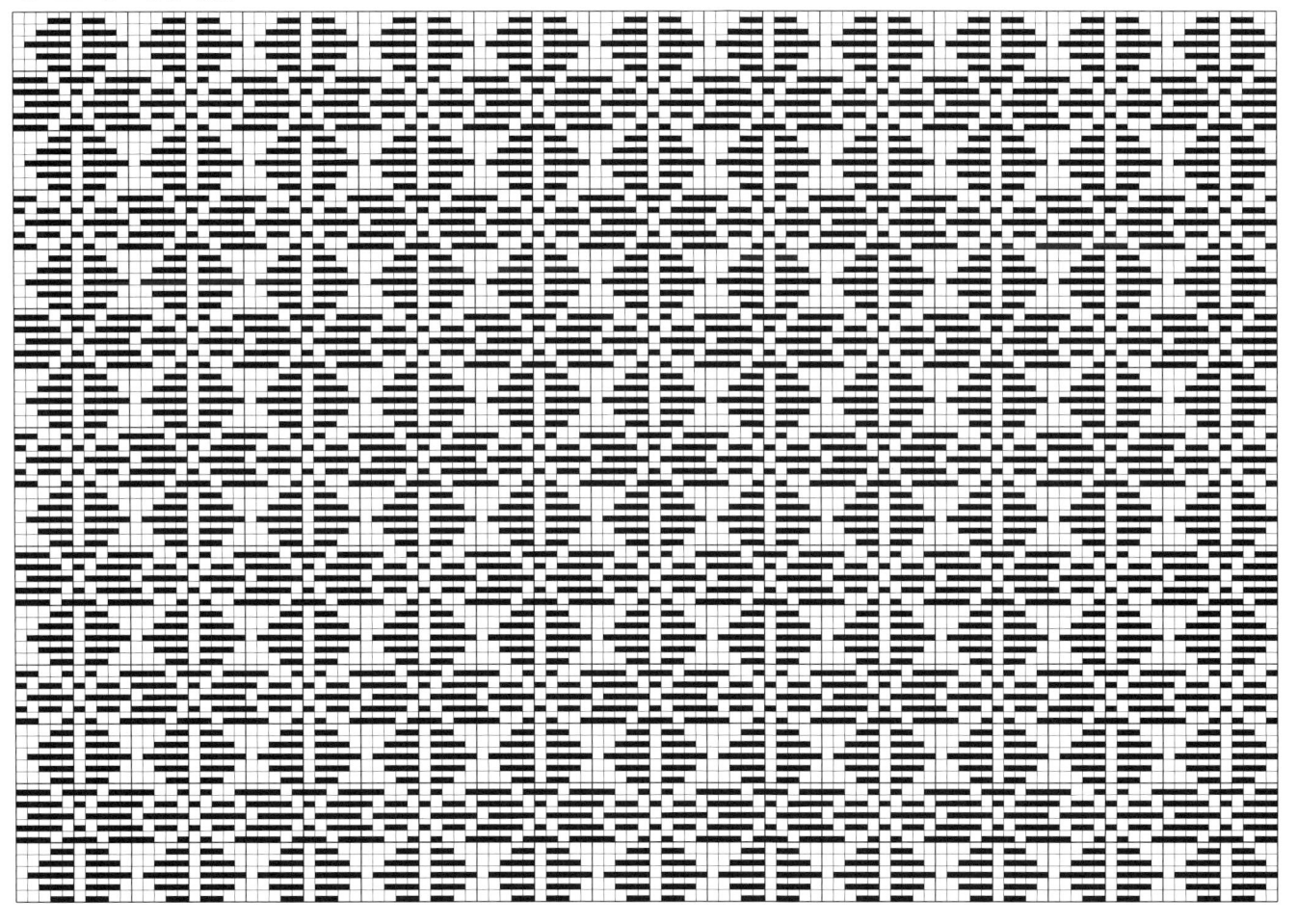

026 糸入り馬のくつわと花コのヤスコ刺し囲み

027

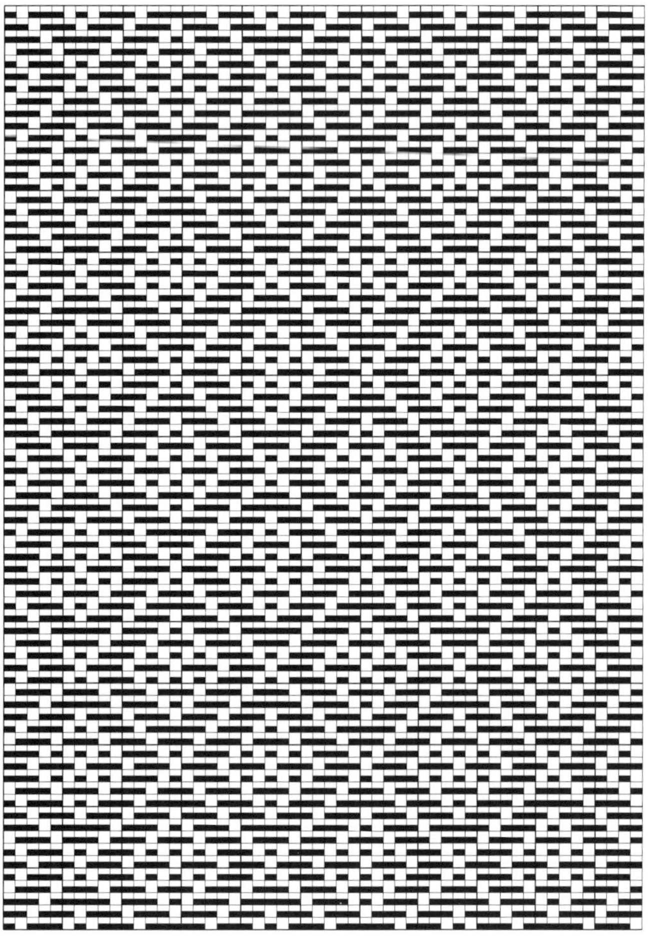

028

029 パンジー

030 花四ツ菱

031 雷門ながれ

032 変わり雷門つなぎ

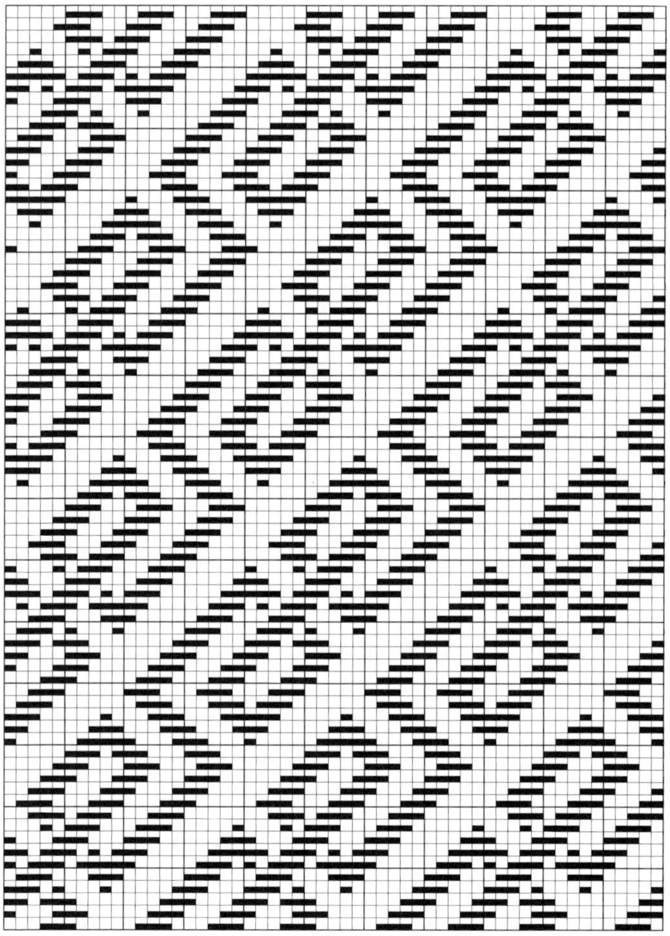

033 籠目糸入り

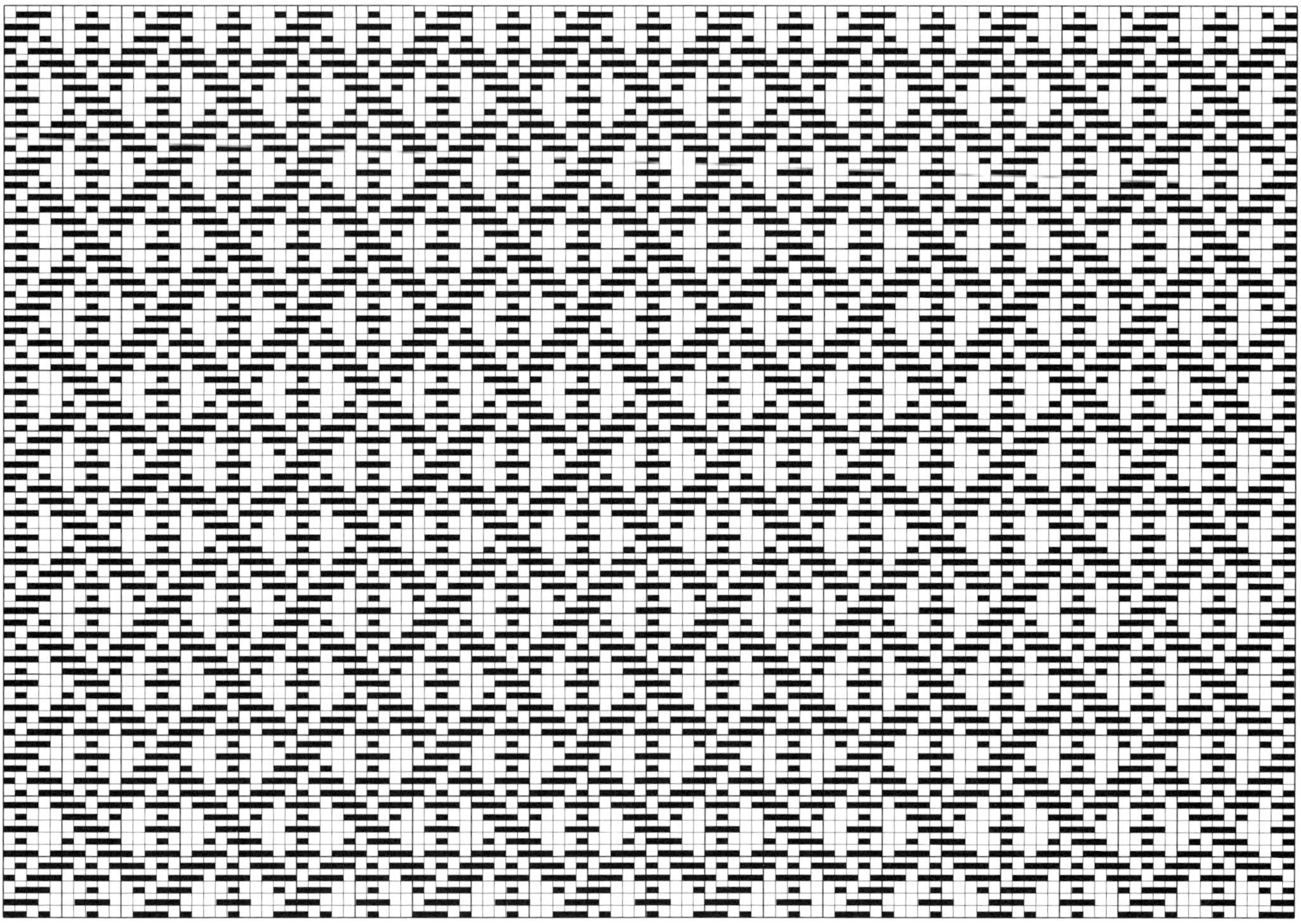

034 糸入り胡桃の殻と六文銭囲み

金魚のタペストリー
85 × 48㎝　参考作品

035 網代

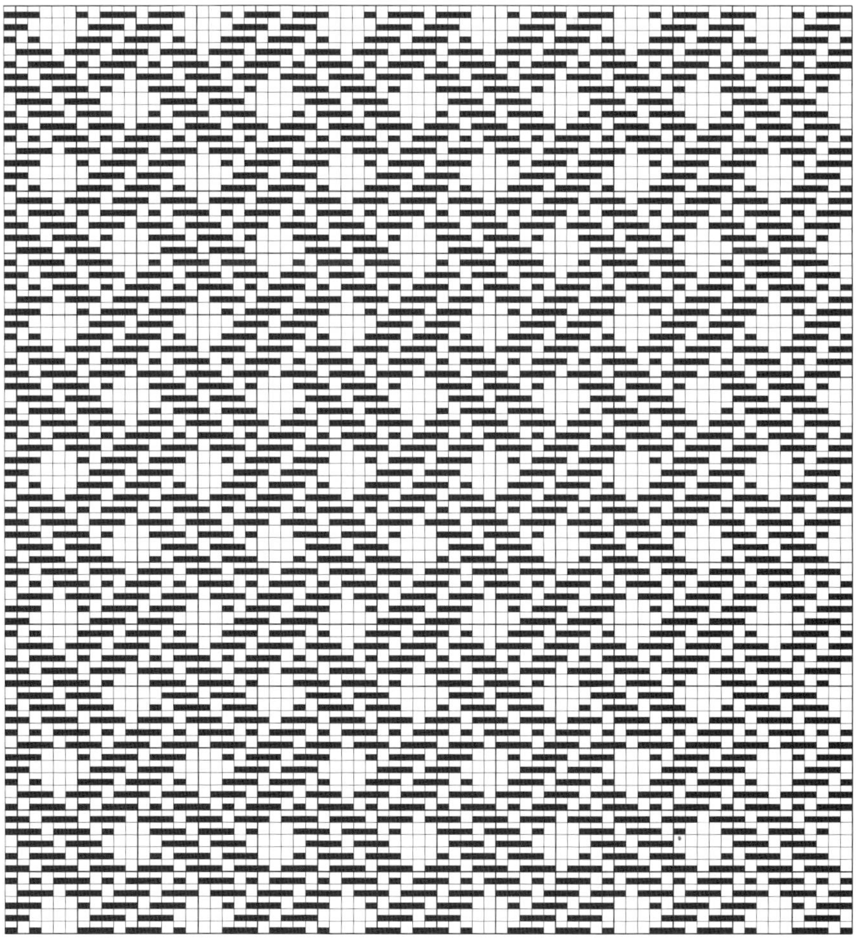

036 工字くずし

037 糸入り工字つなぎ

038 豆コのさや型つなぎ

039 花コのさや型つなぎ

040

041 毘沙門亀甲

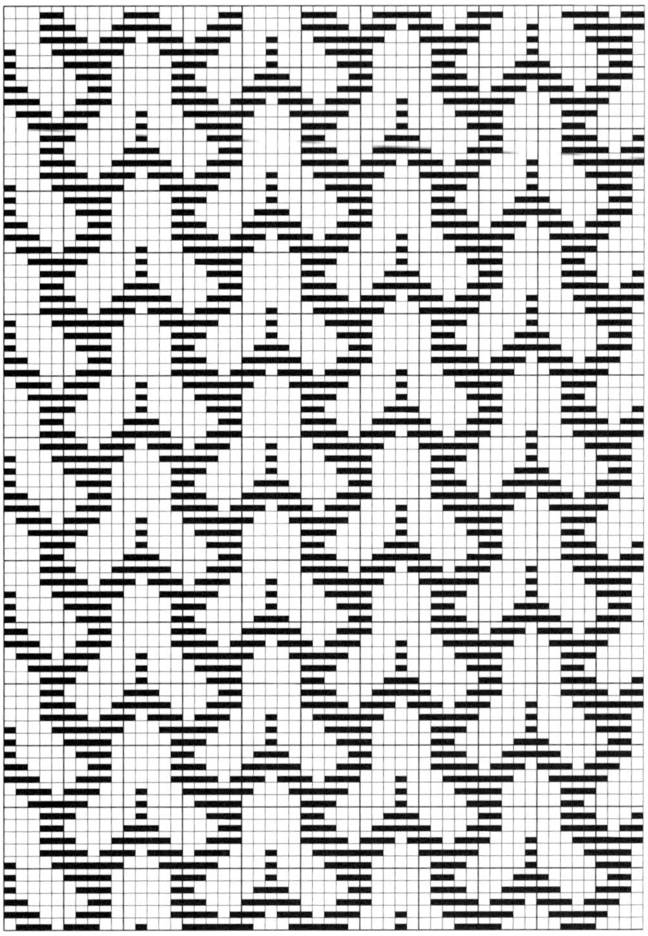

042 毘沙門亀甲(小)

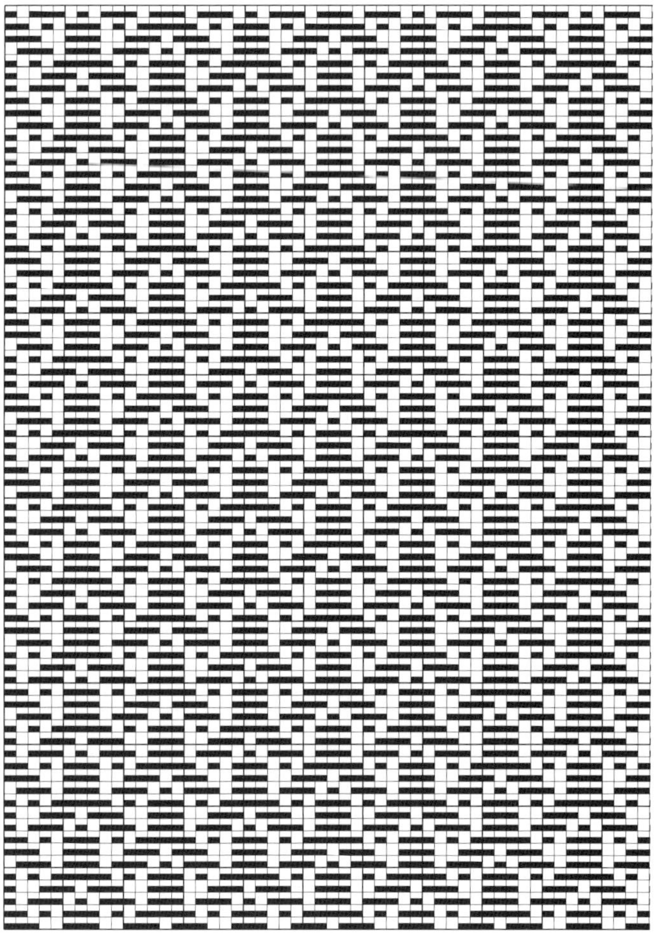

043

044 ちょうちょ

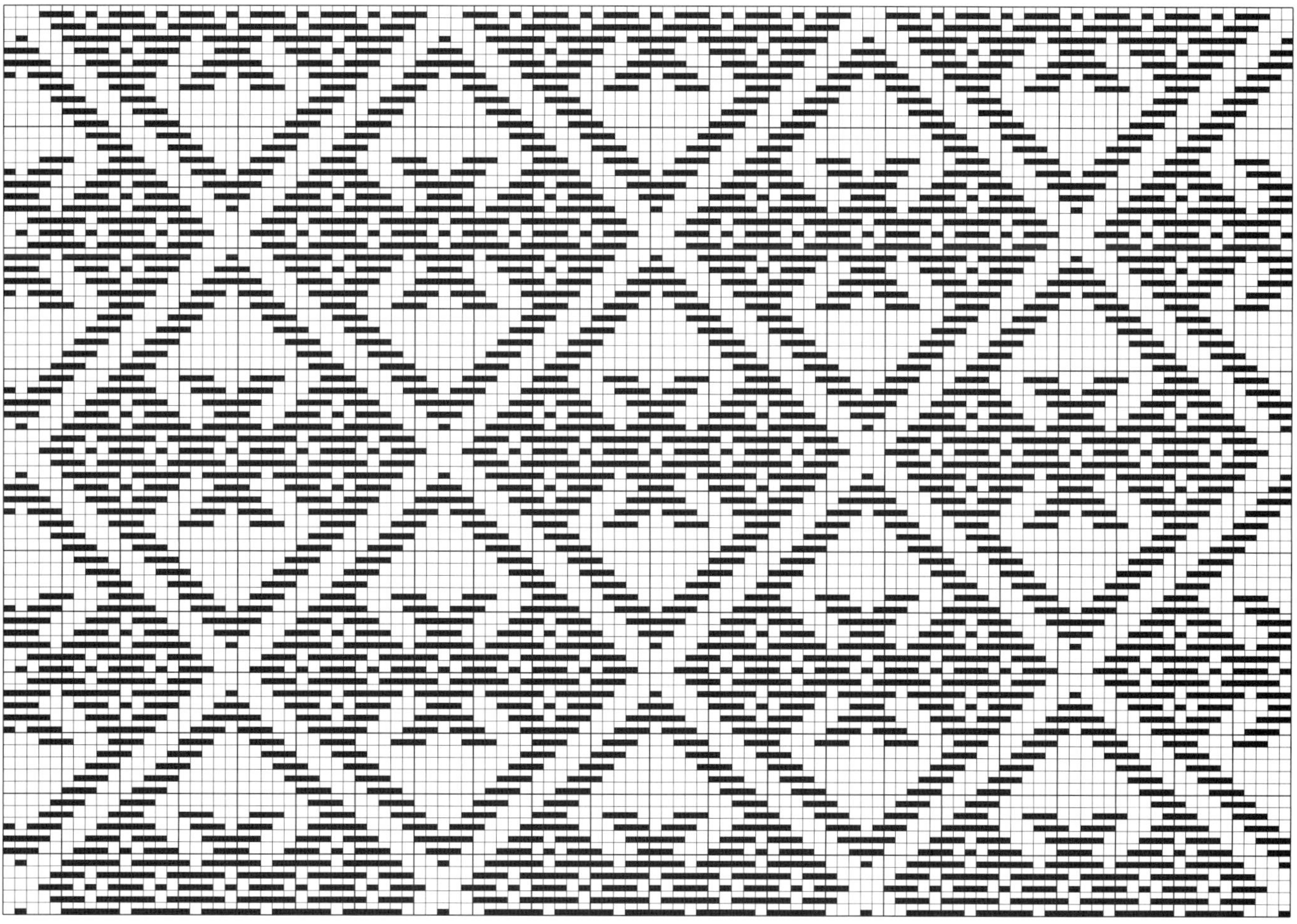

045 向い亀甲

046 へび柄

047 豆入り向い亀甲

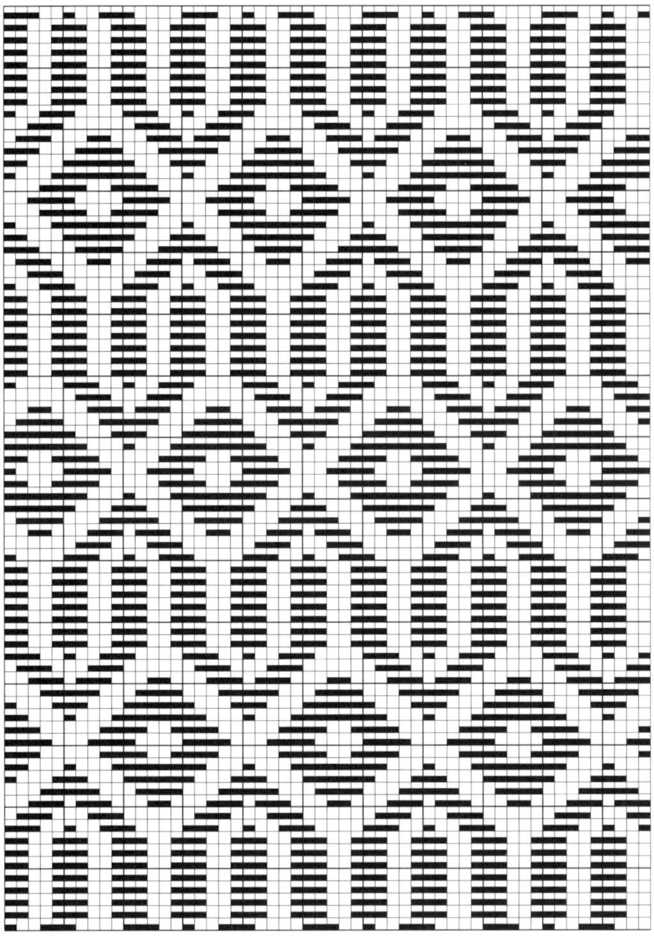

048 花コ入り向い亀甲

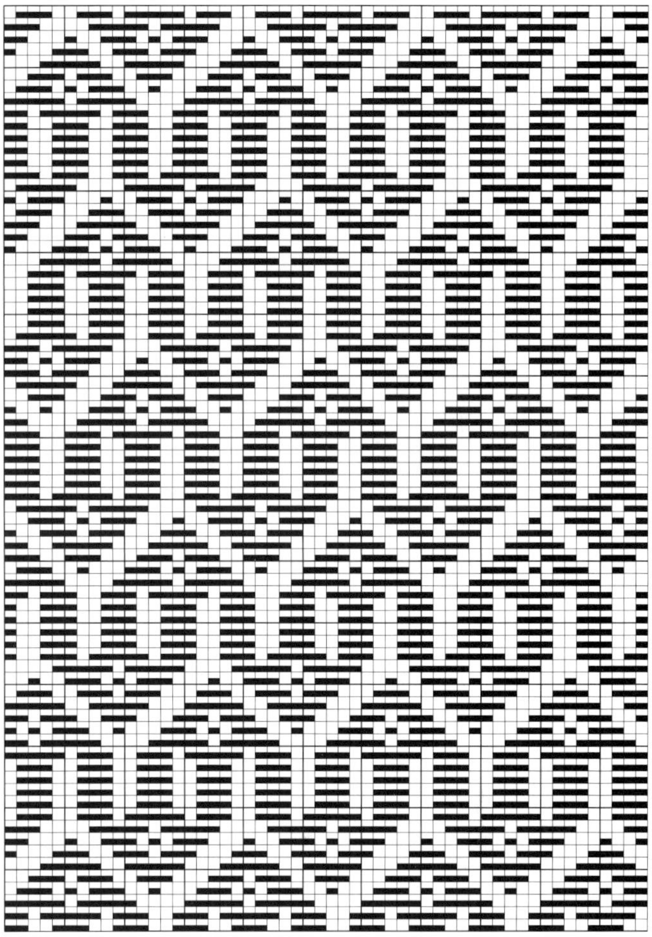

049 松笠

すずめのタペストリー
120 × 48㎝　参考作品

050 七宝の花コ入り

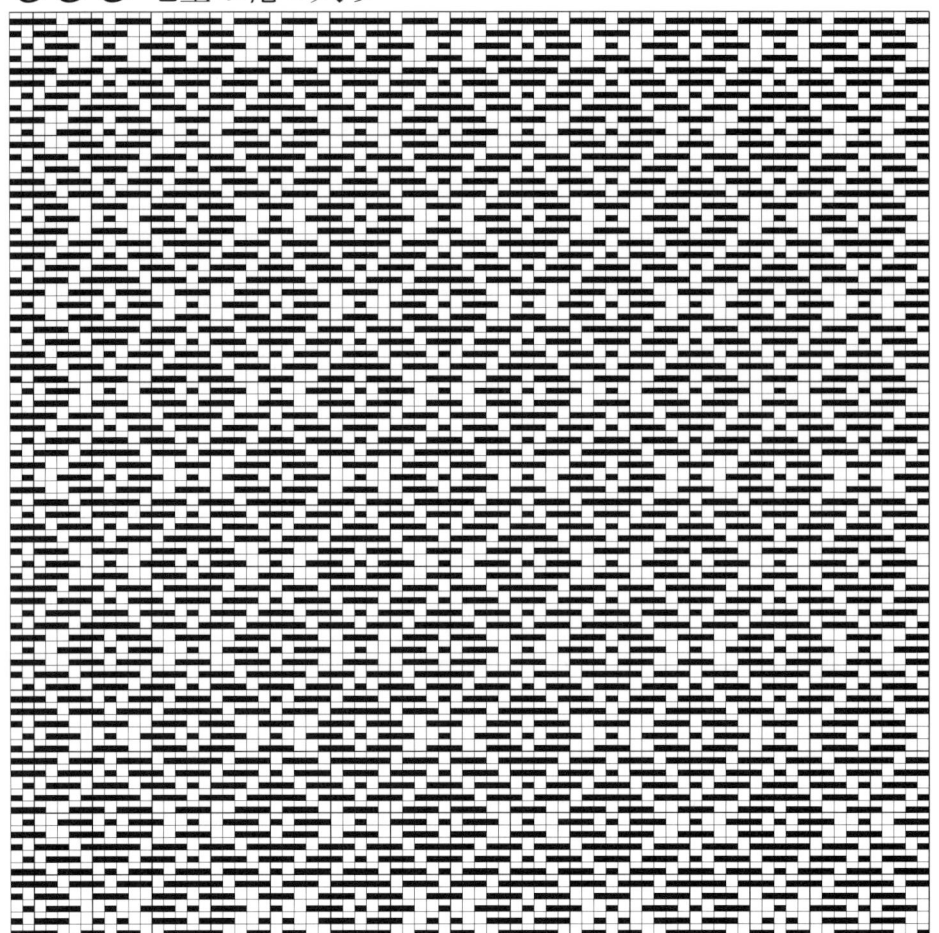

051 七　宝

052 花亀甲

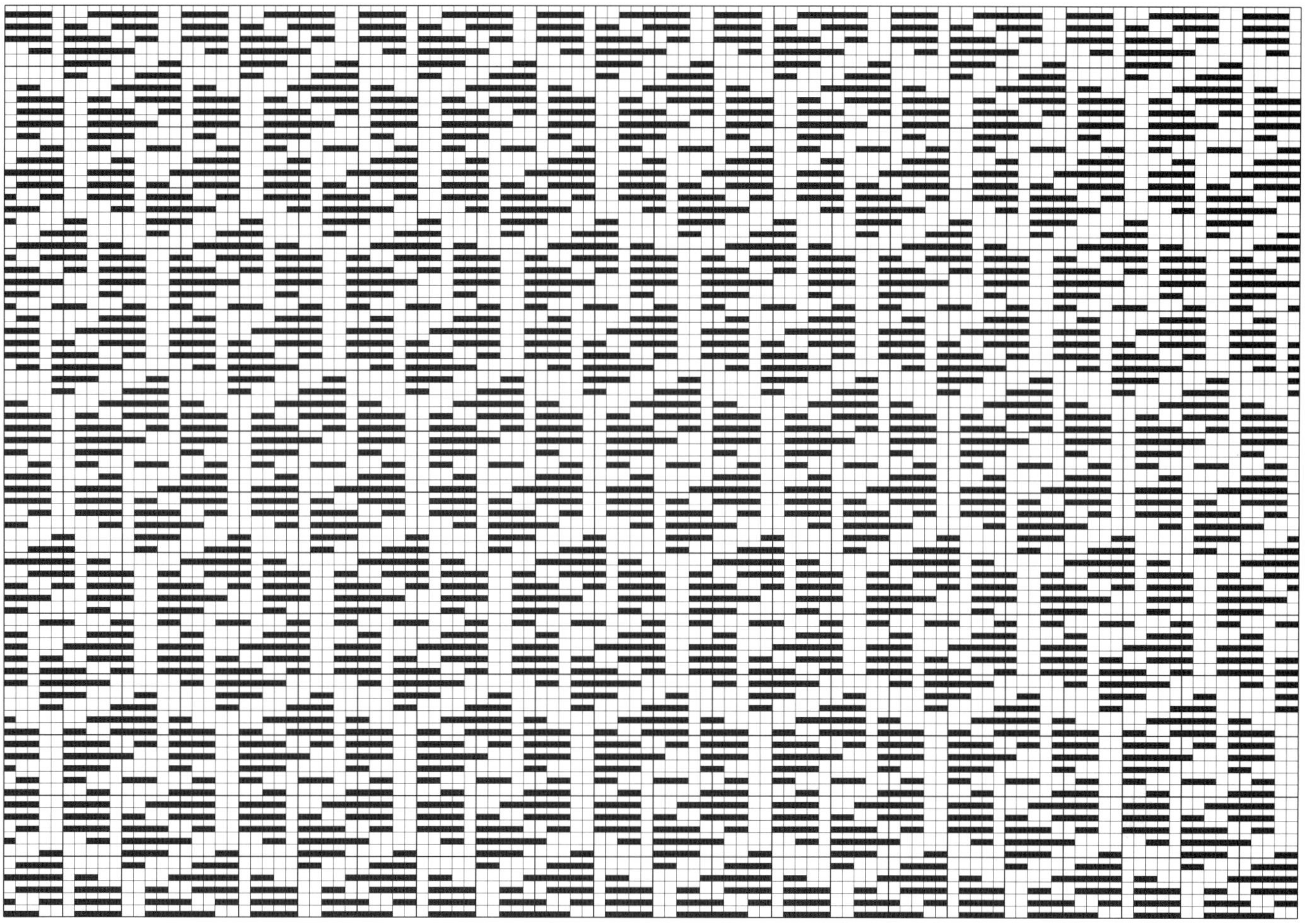

053 子持ち亀甲

054 タツノオトシゴ

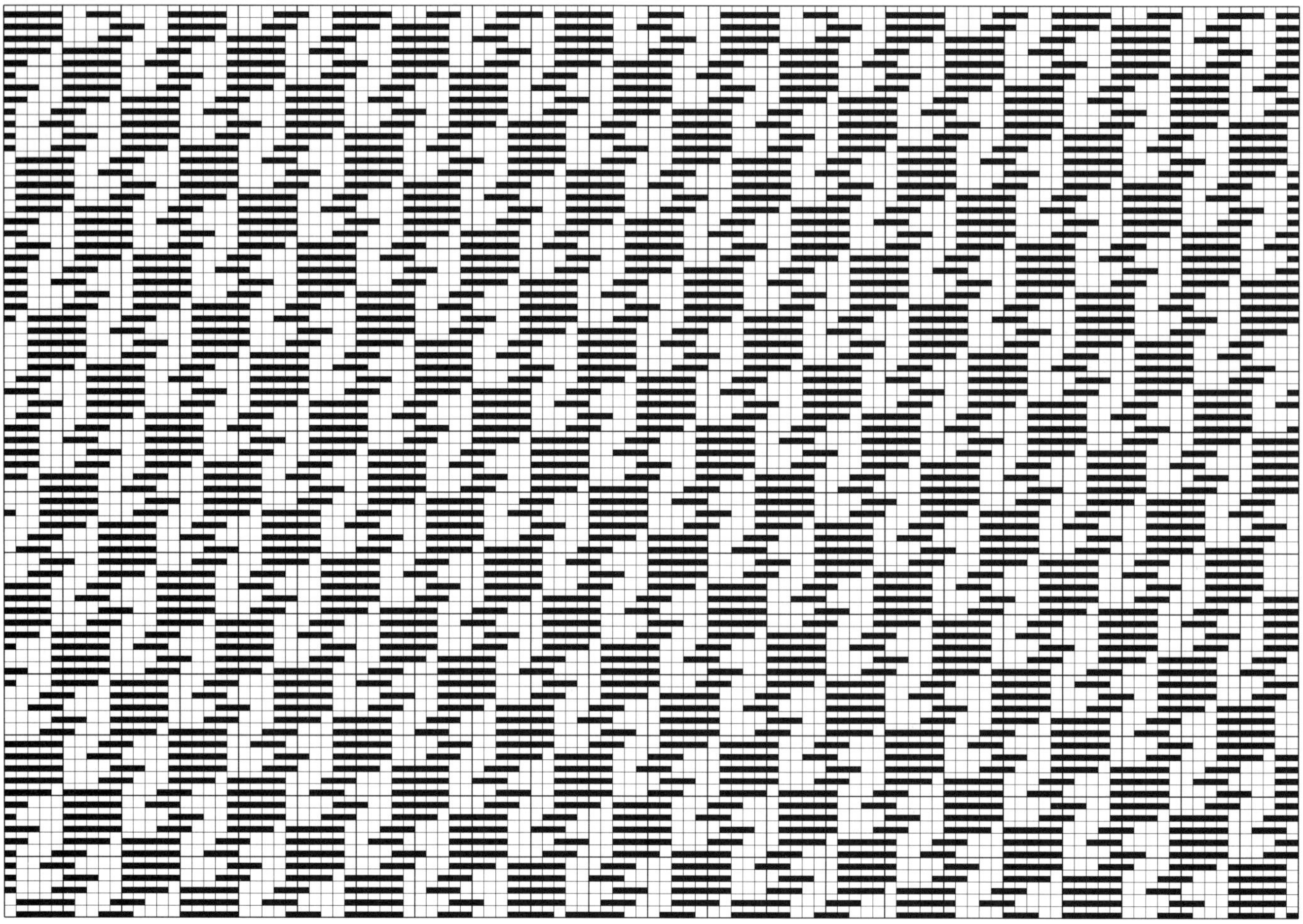

055 千鳥

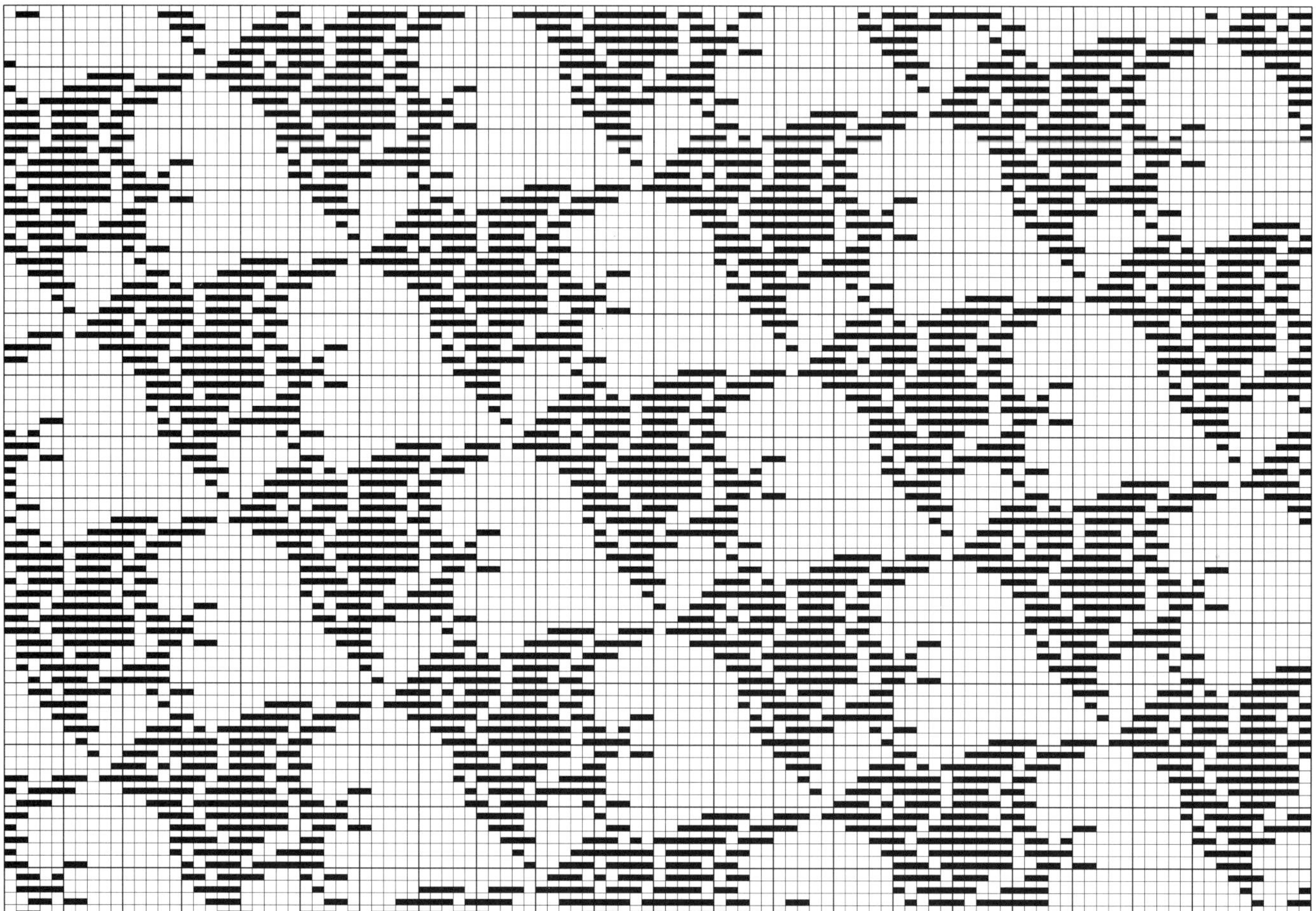

056 六弥太格子

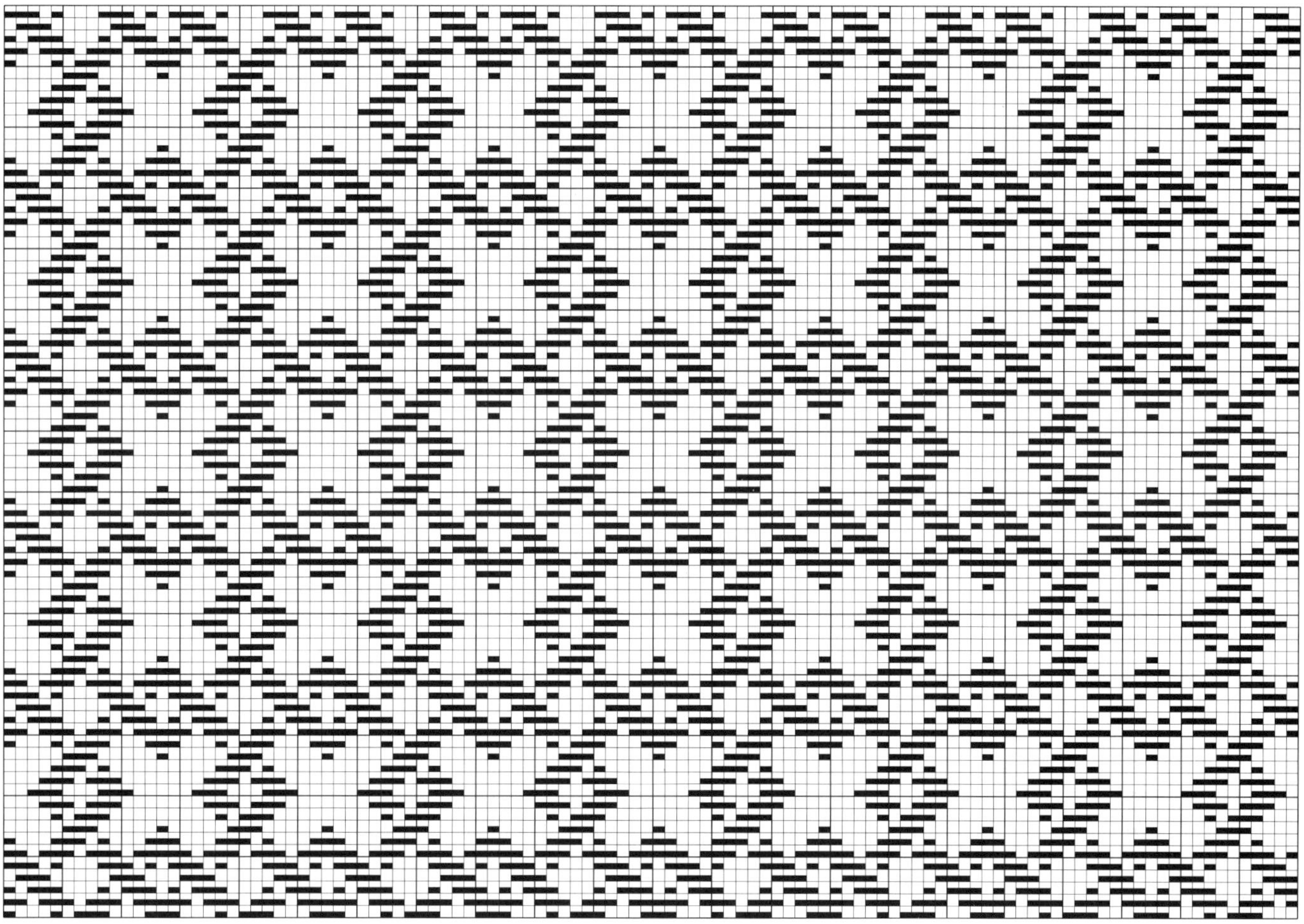

057 糸入り六弥太格子

058 鱗重ね

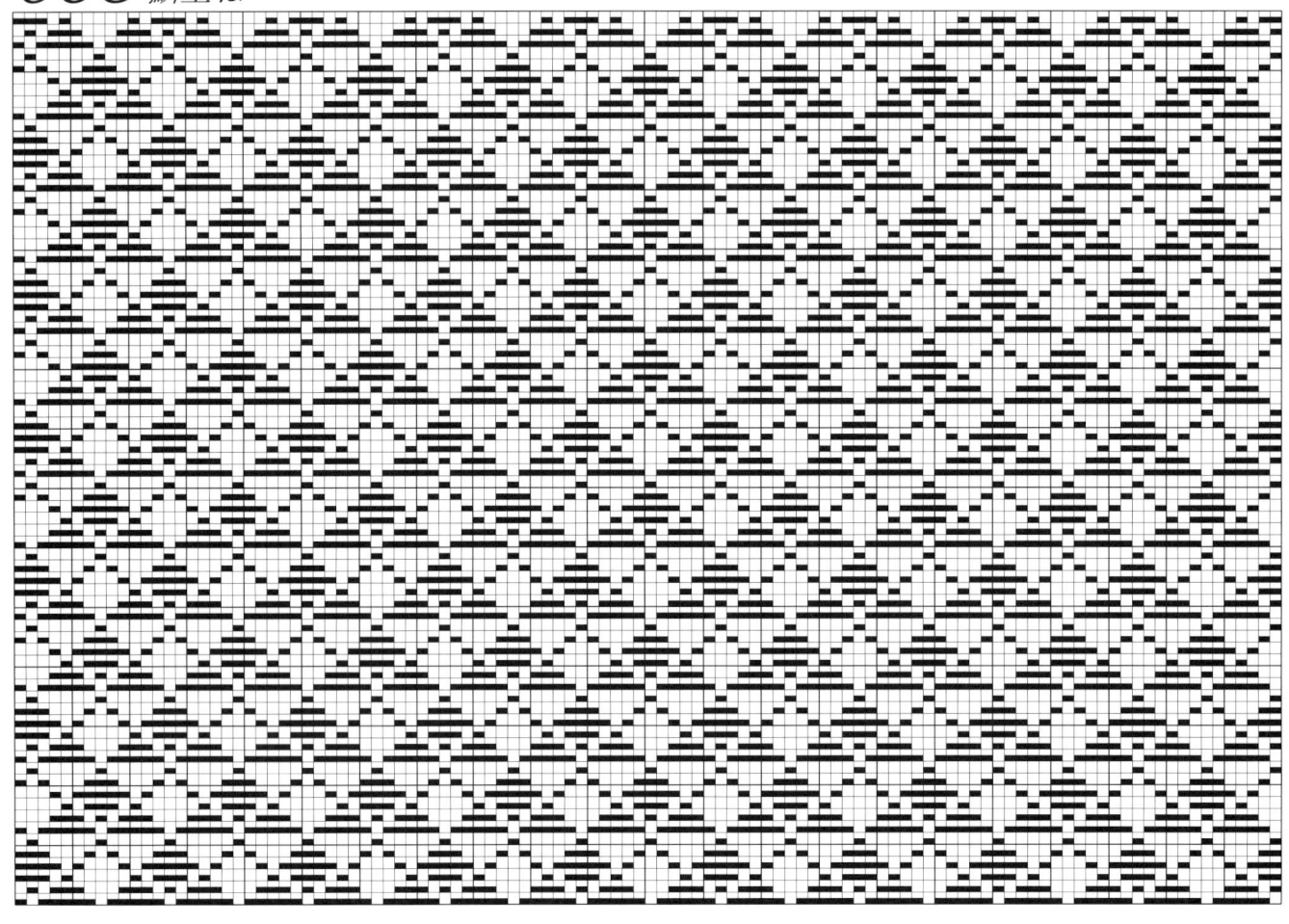

059

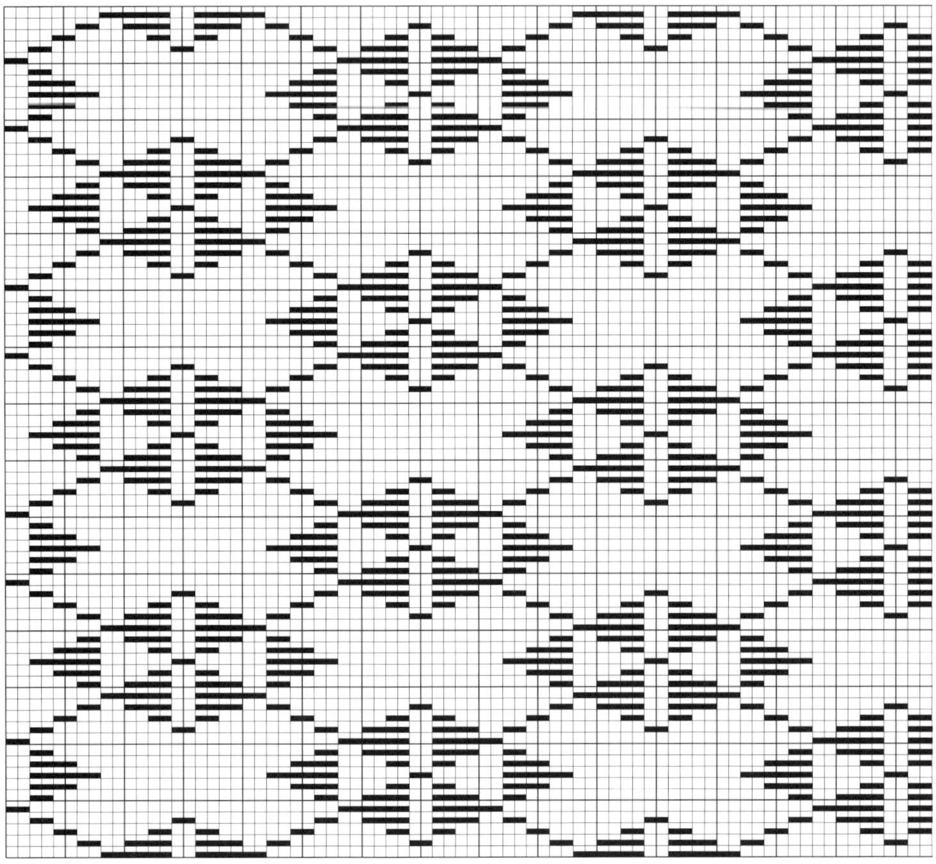

タペストリー
140 × 48.5㎝　参考作品

060 手毬

061 梅畑

062 矢 羽

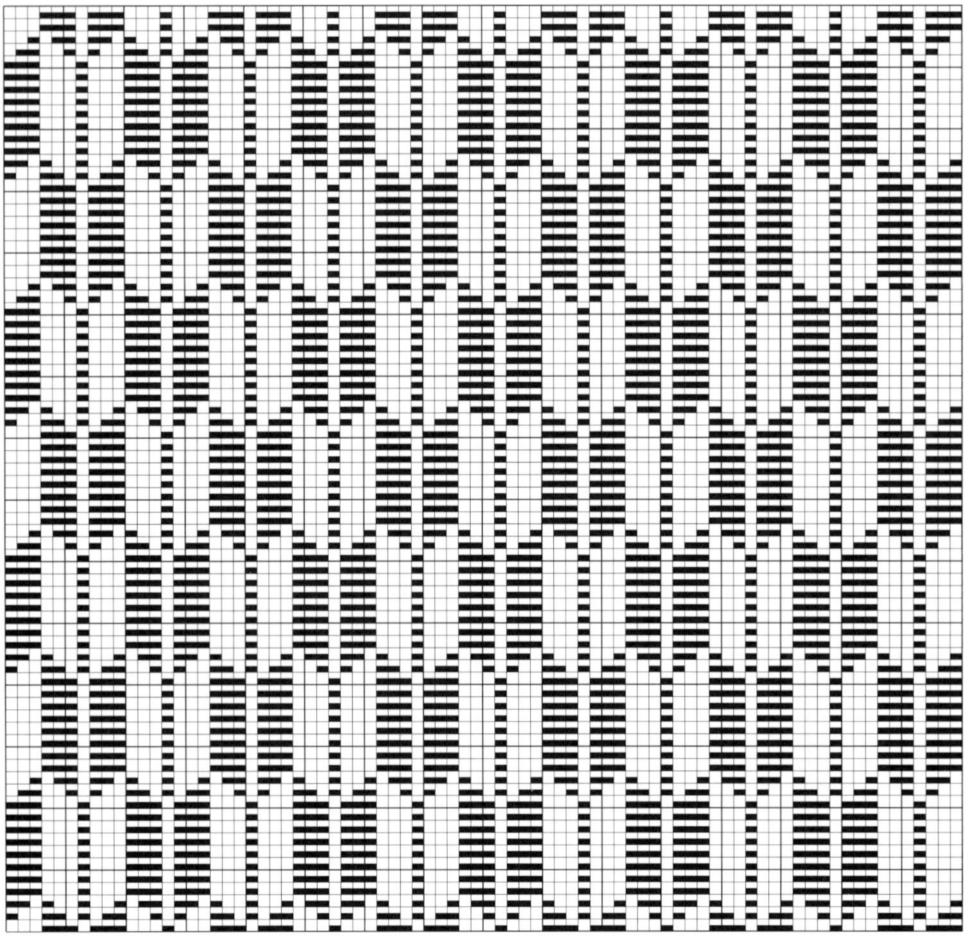

タペストリー
147 × 45㎝　参考作品

063 矢羽ながれ

064

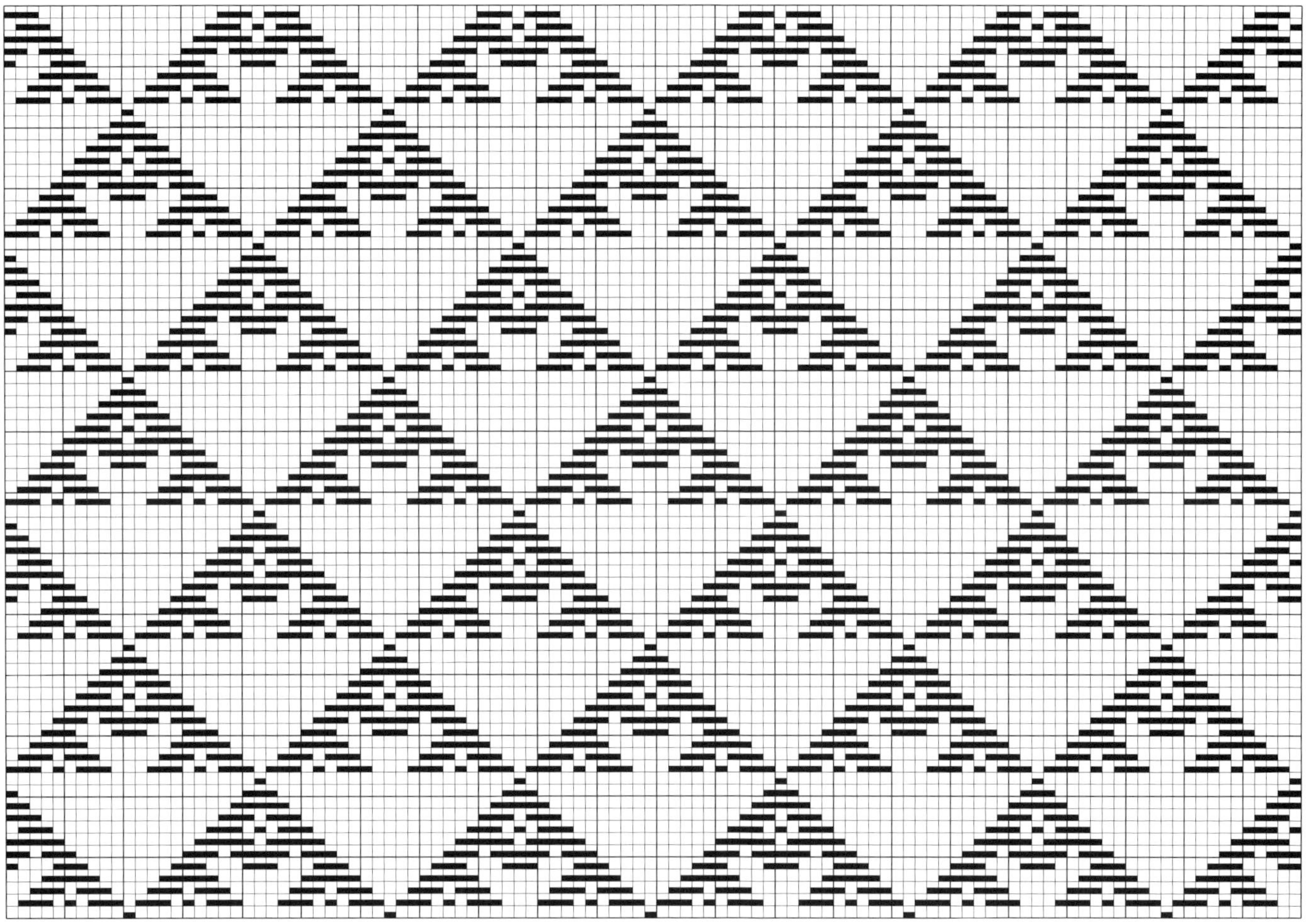

065 菱青海波

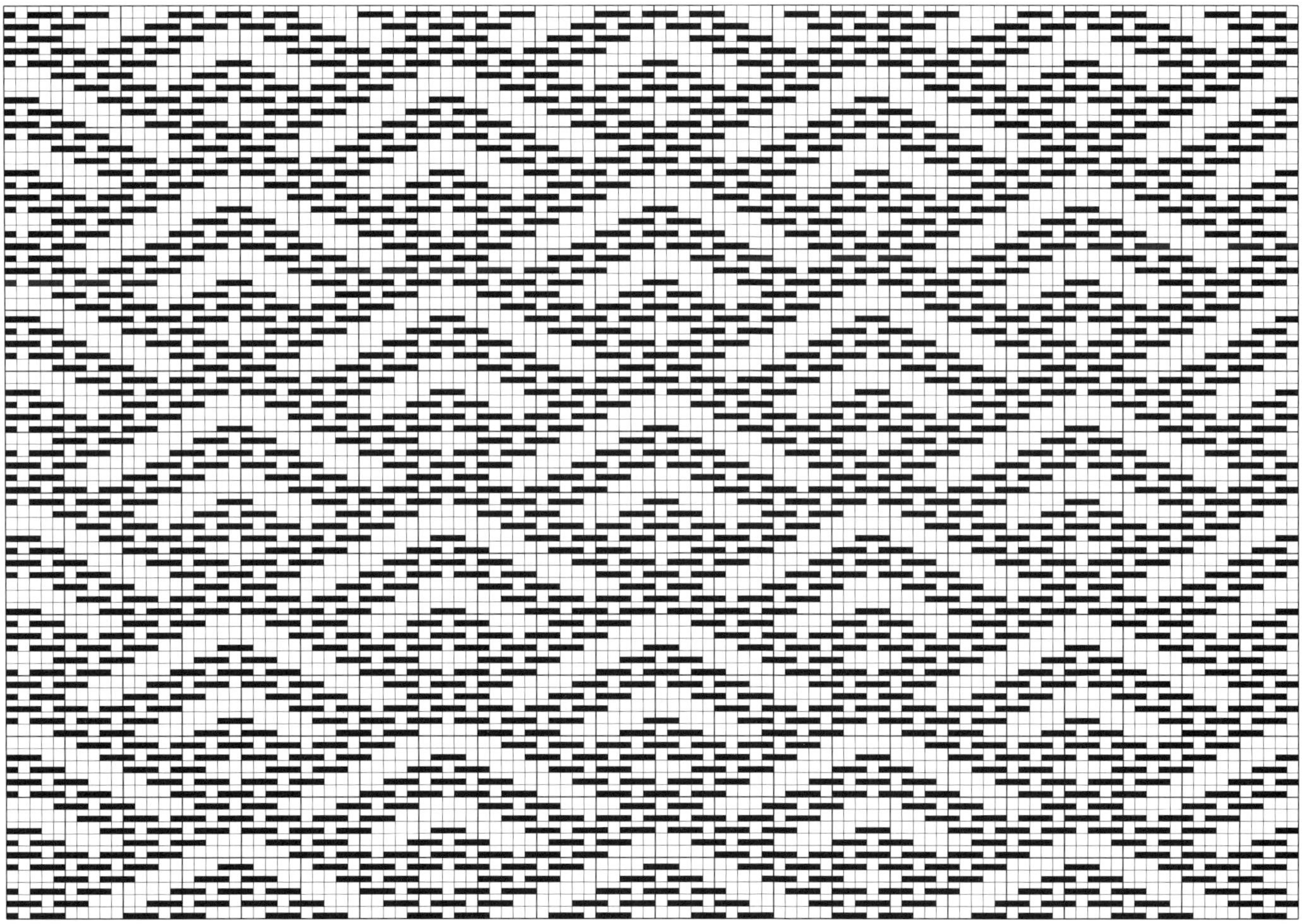

066 箱重ね

067 業平格子

068

069

070 花十字格子

071

072 豆コのヤスコ刺し

073

074

075 糸柱入り馬のクツワ

076 渦巻き

077 細渦巻き

078

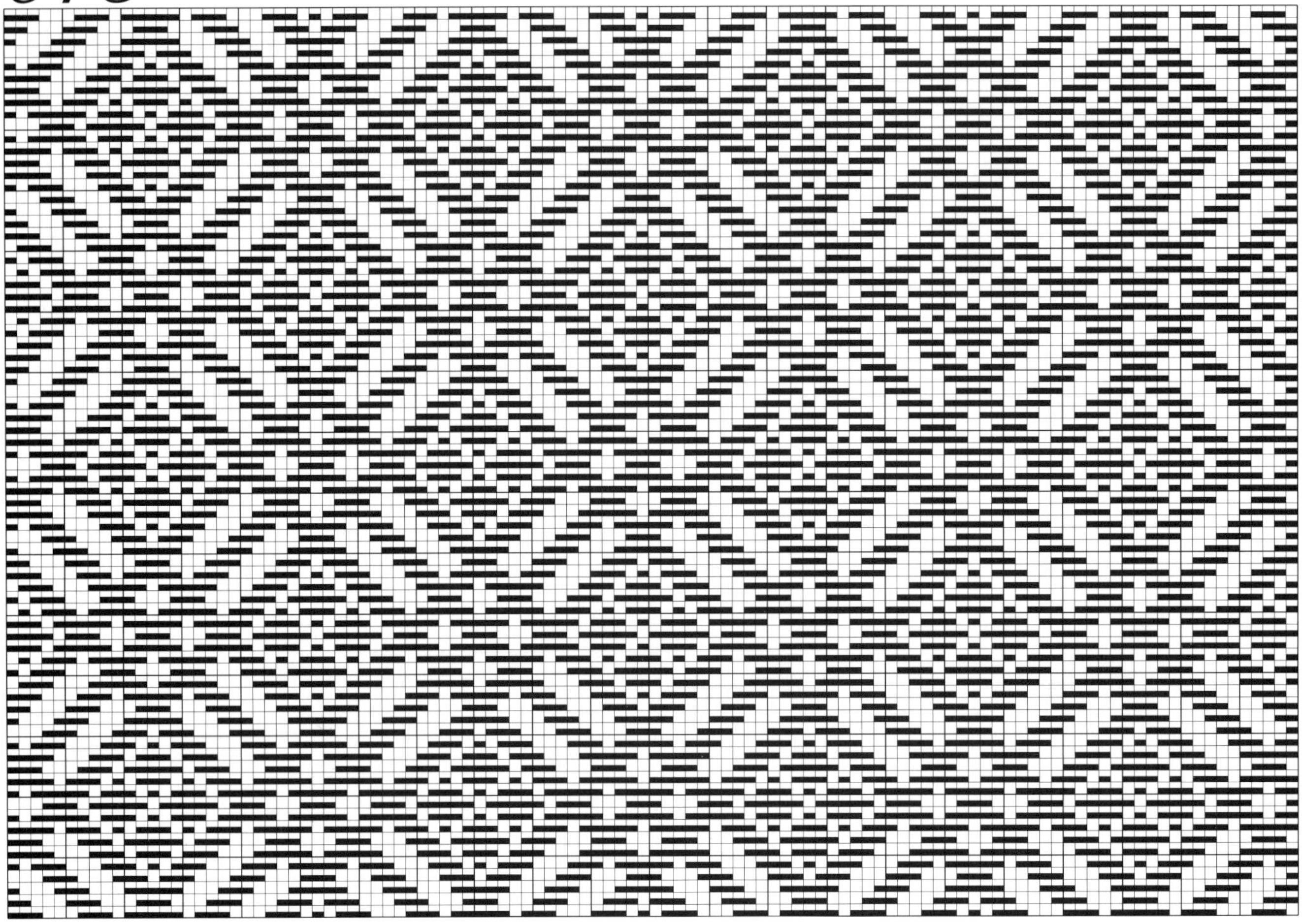

079

080

081 花コのヤスコ刺し

082

083

084

085 花コとヤスコ刺し

086 変わり紗綾型

087

088

089

090

091 手裏剣

092 雪の結晶格子囲み

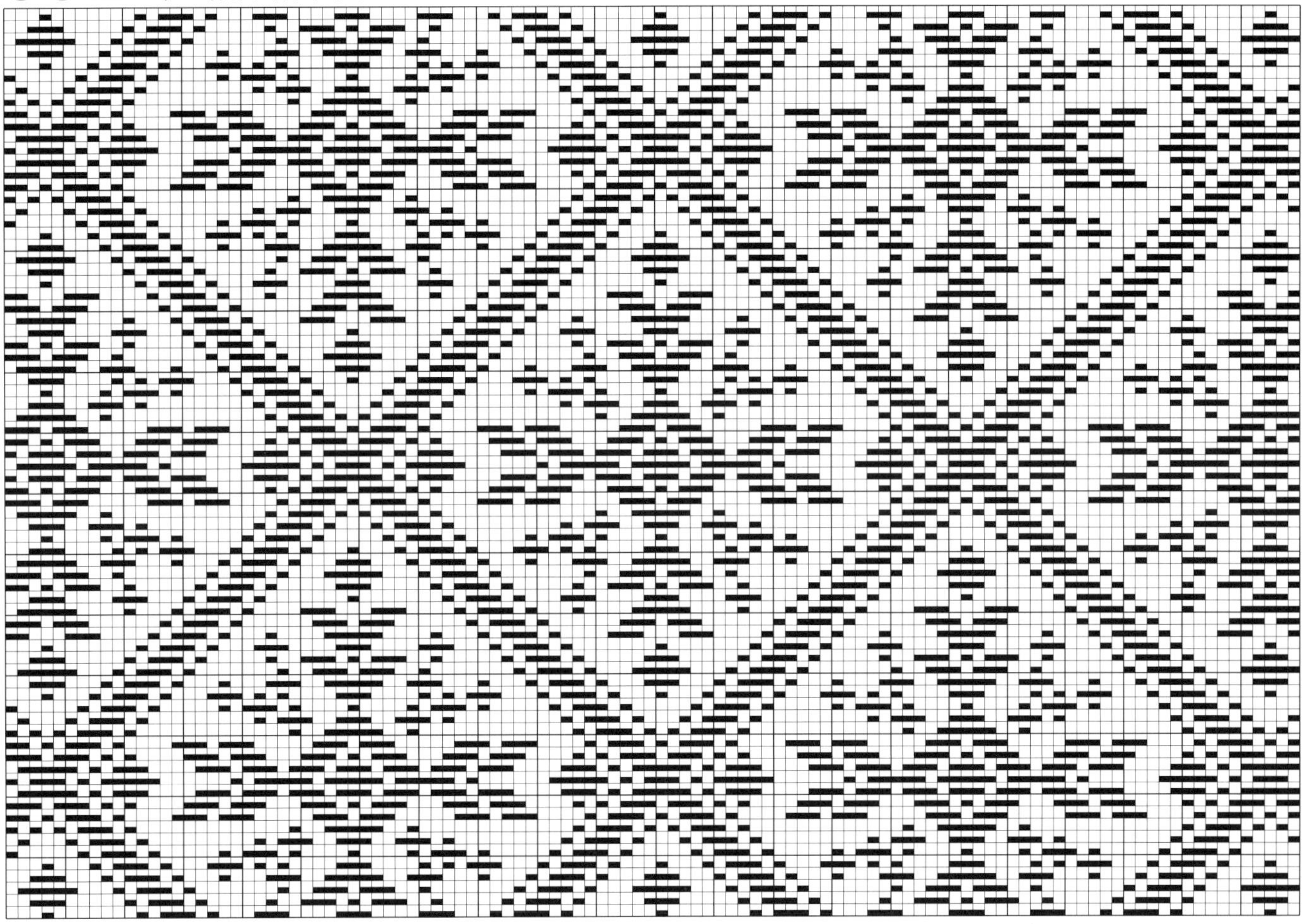

093 風　車

094 迷い道

095

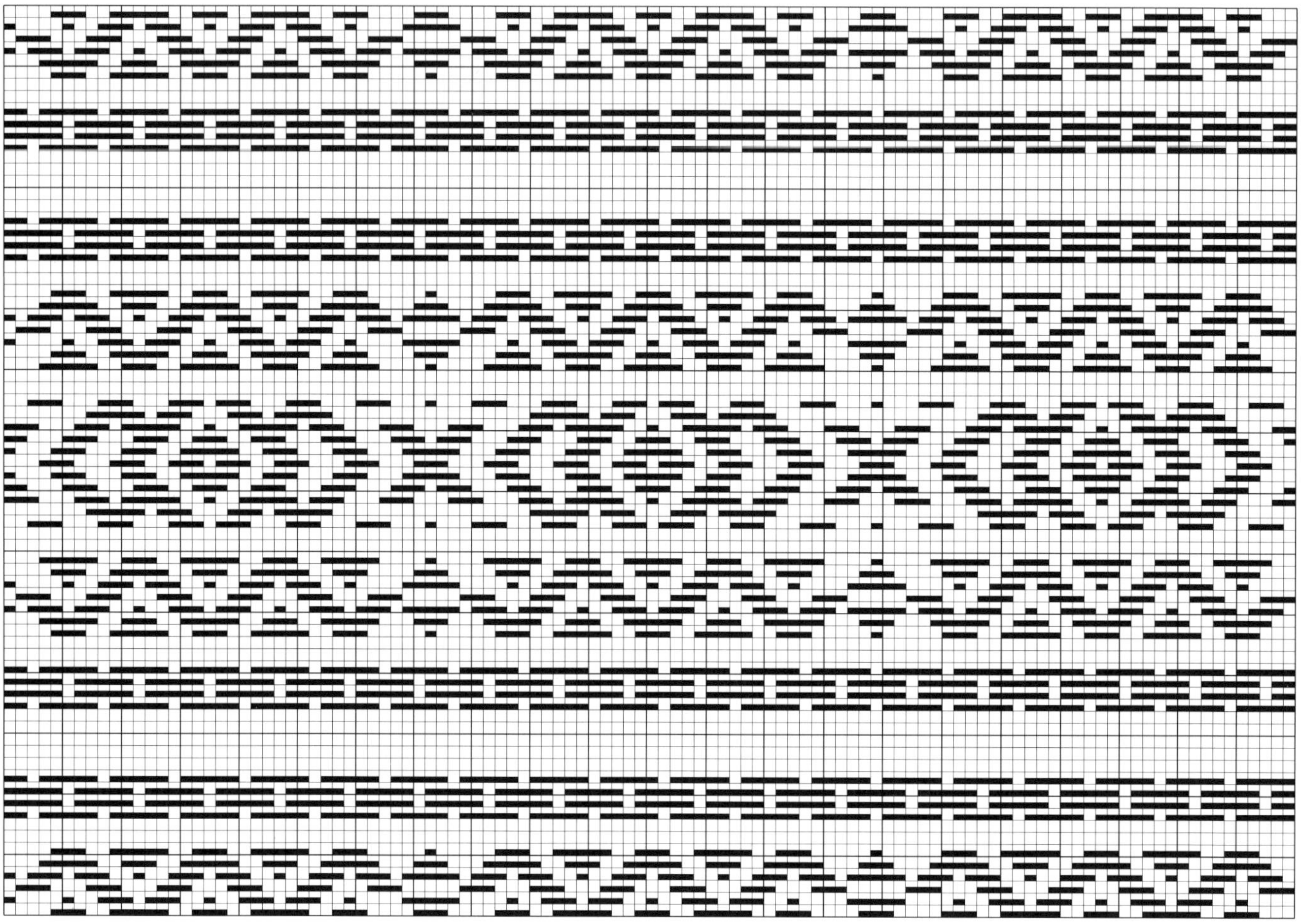

096

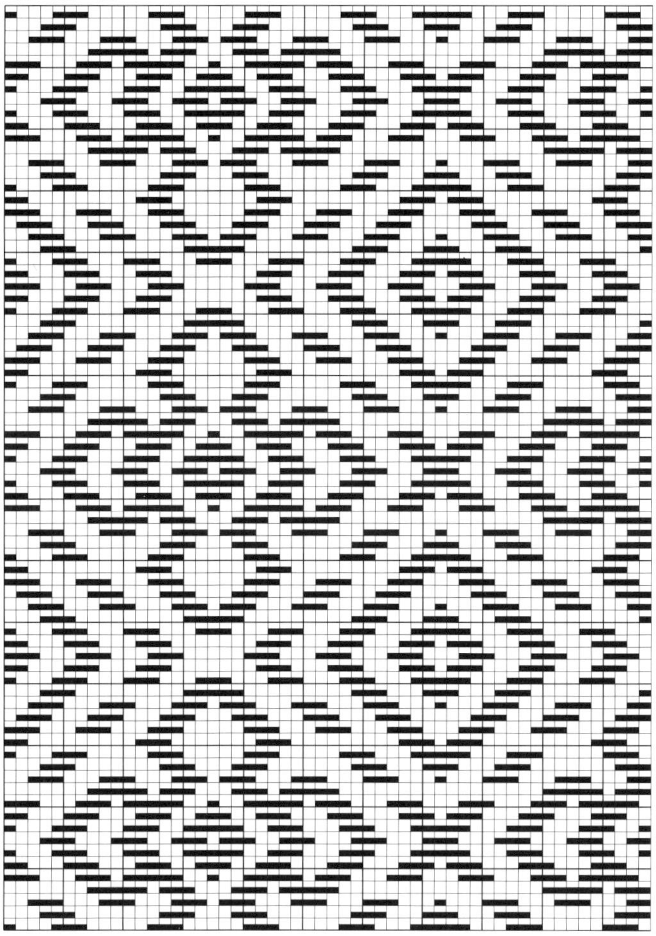

097

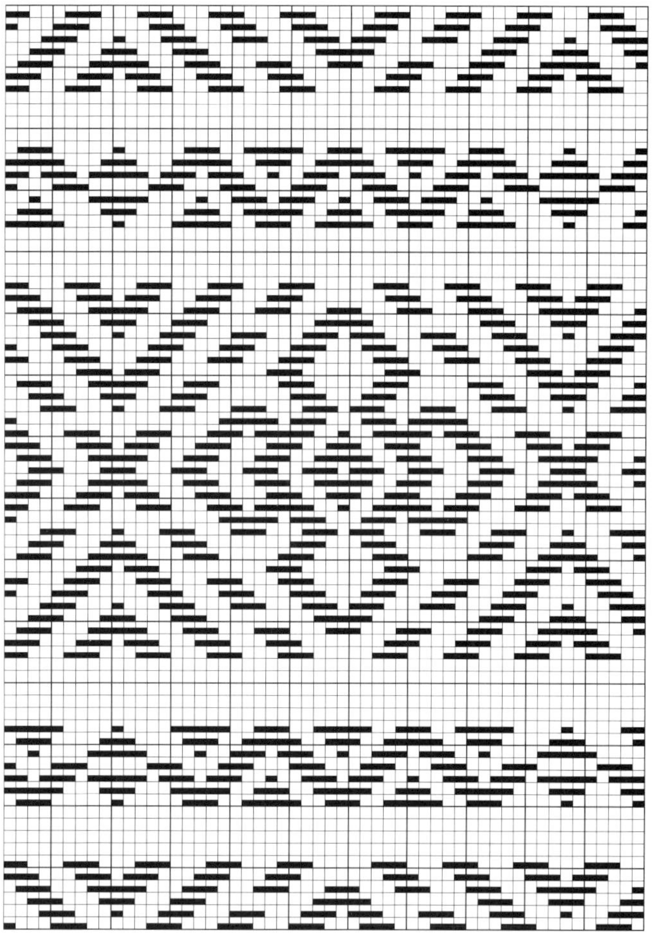

098

099

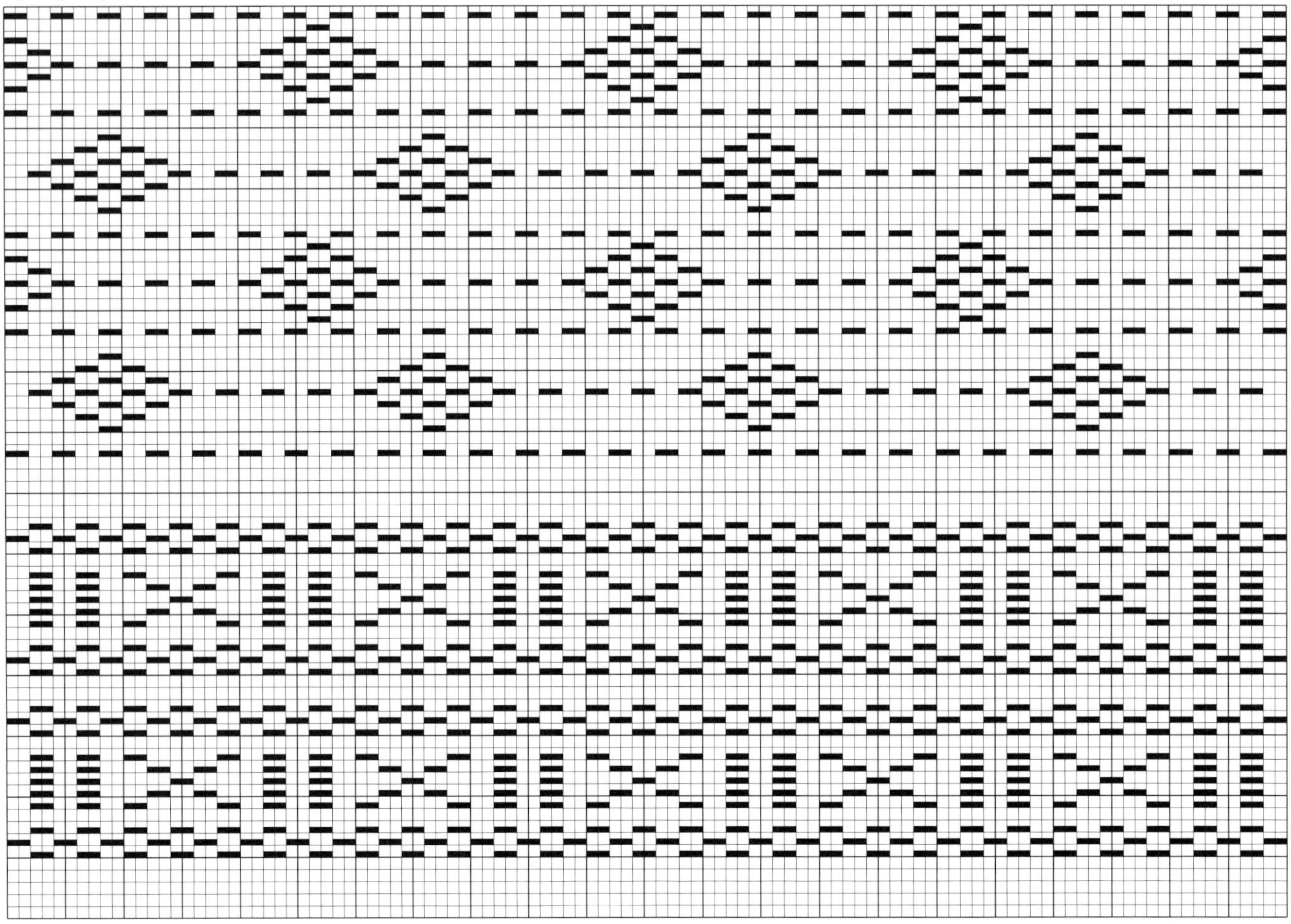

100

101 花市松

102

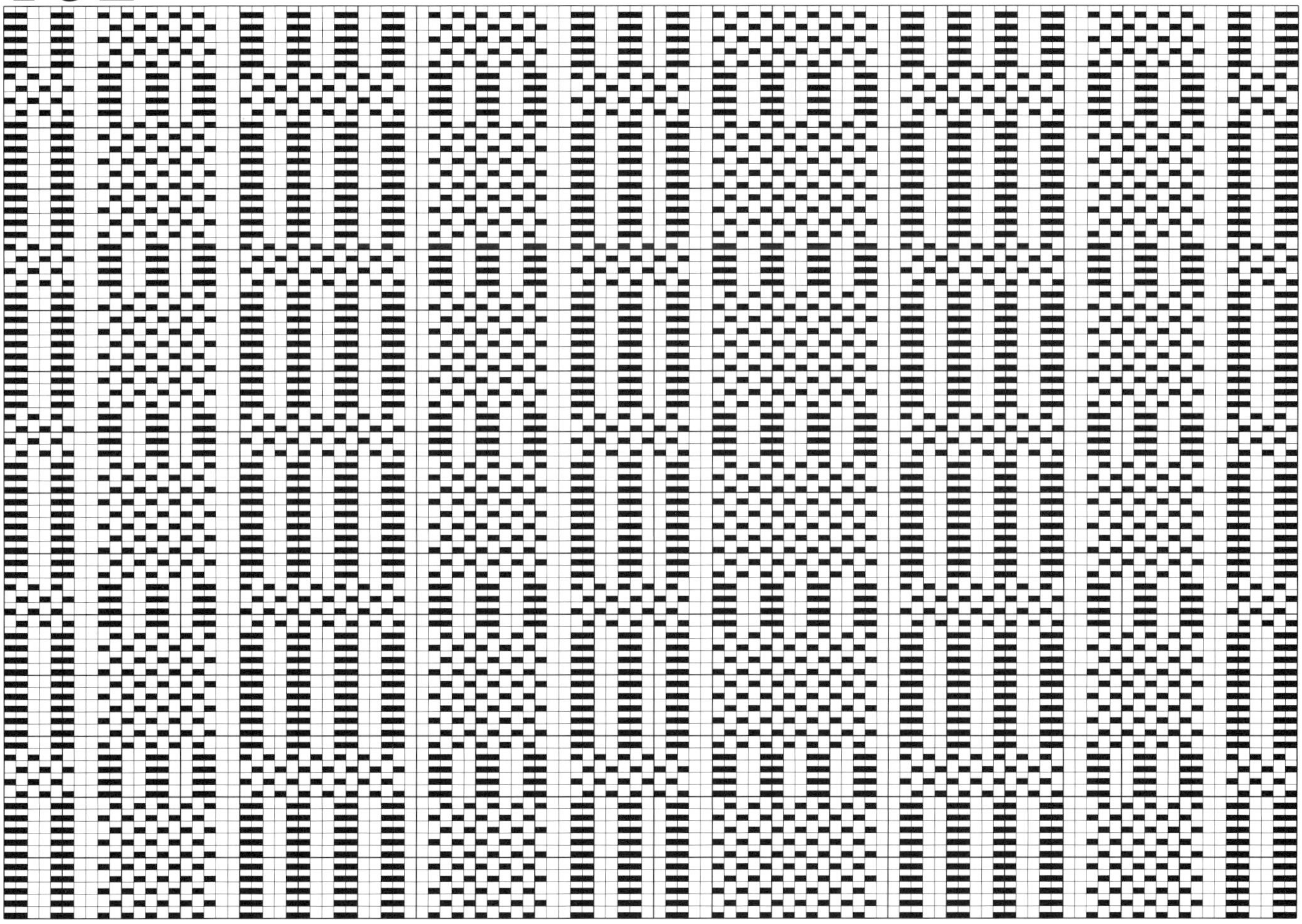

103

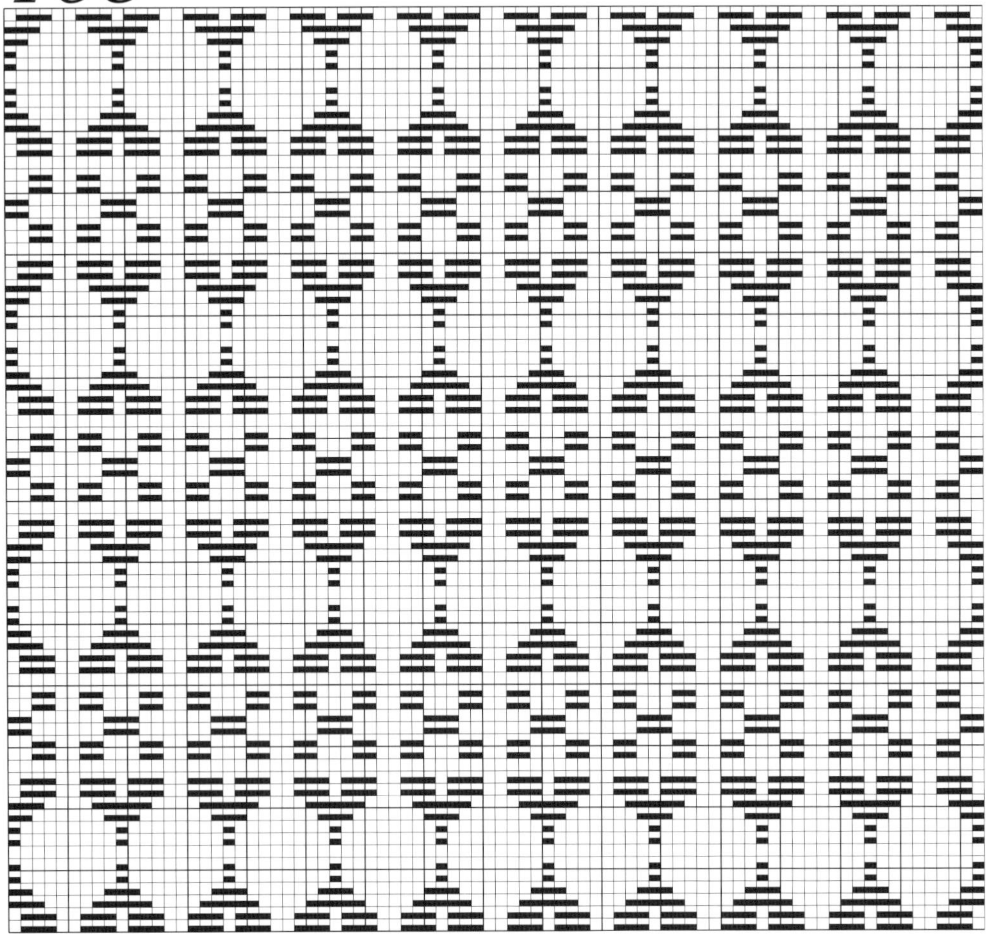

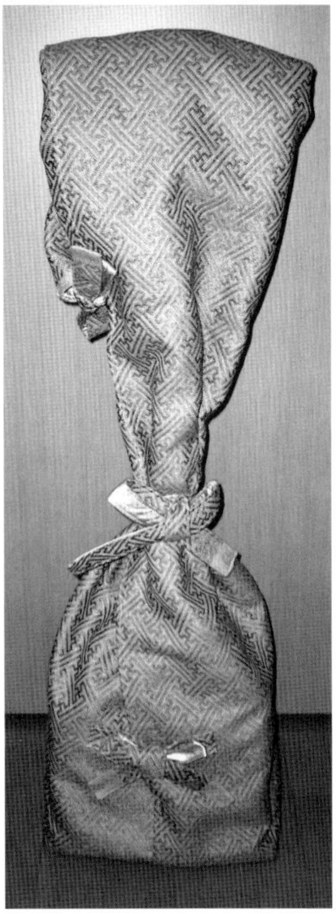

三味線入れ
100 × 32㎝　参考作品

104 吉原つなぎ

105 ツチノコ

106-1 数珠のれん

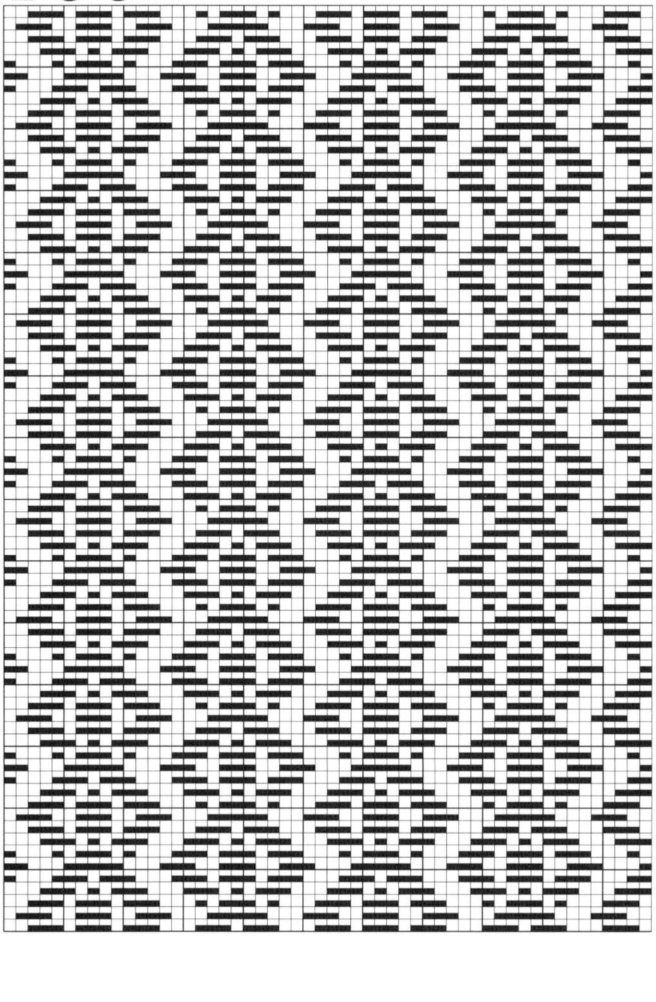

106-2 珠のれん

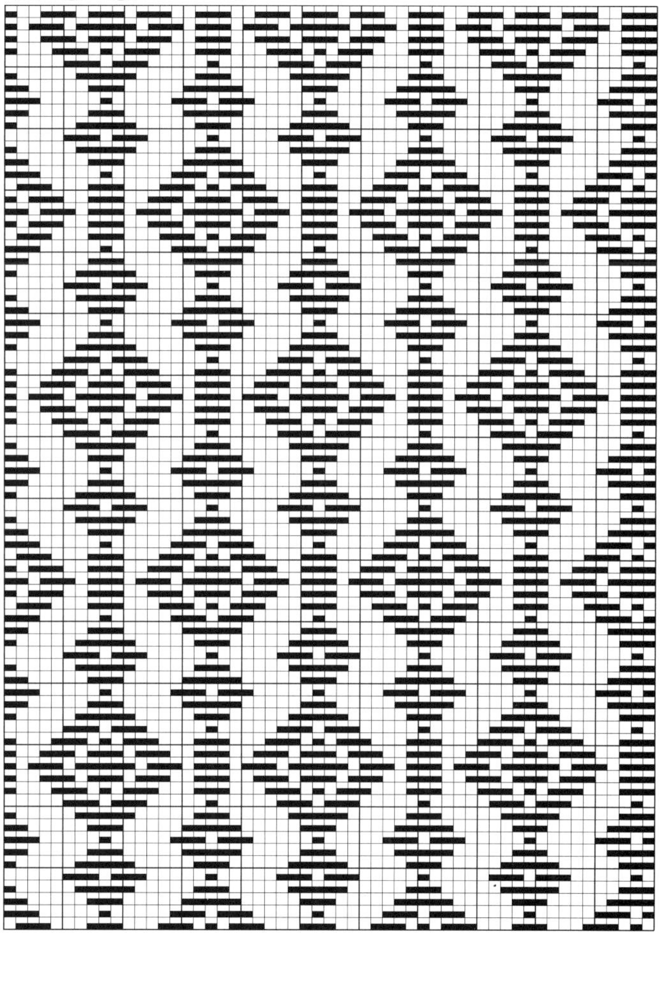

107 とくさ縞

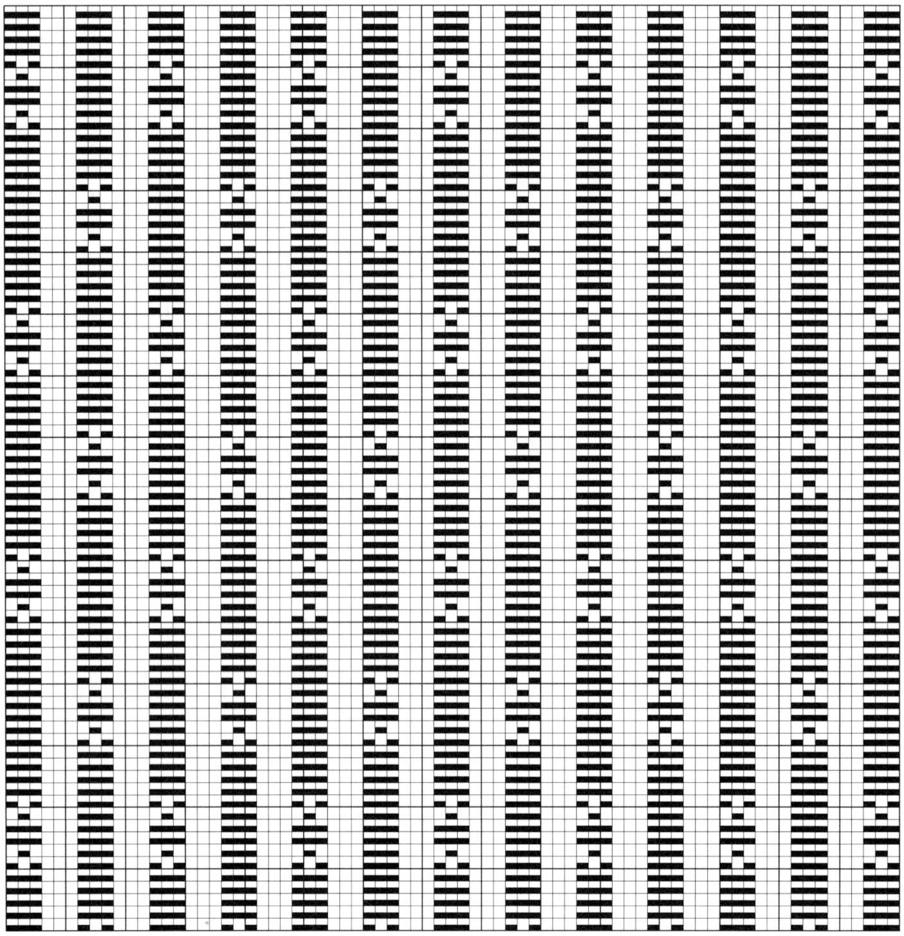

クリスマスのタペストリー
80 × 48㎝　参考作品

108

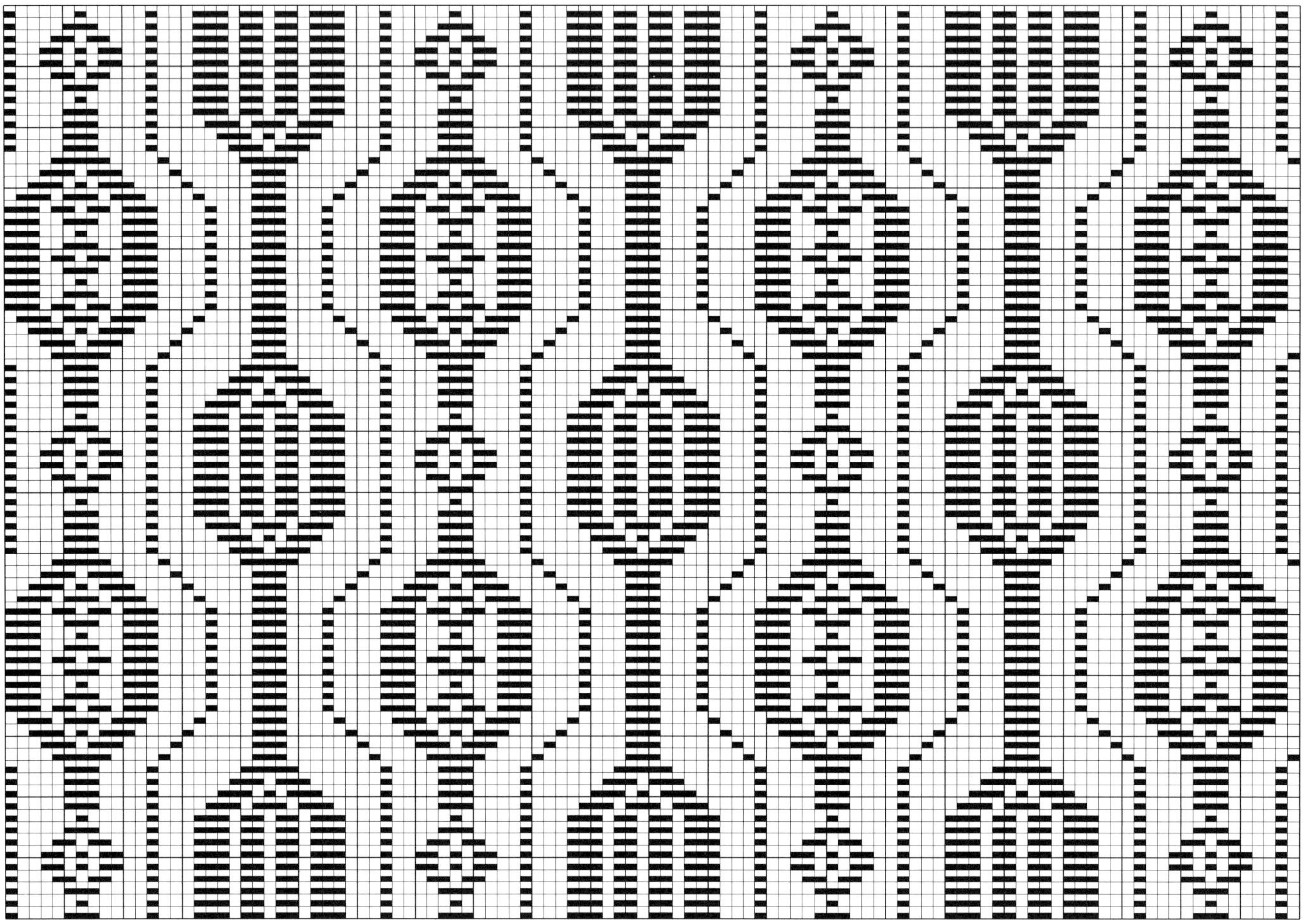

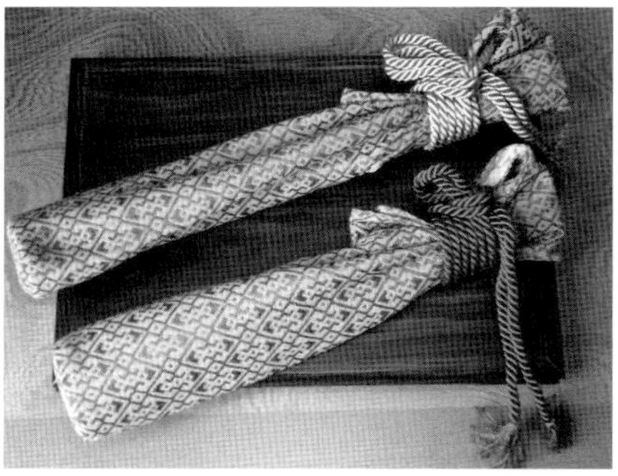

尺八袋 84 × 14㎝　参考作品

お琴カバー 238 × 36㎝　参考作品

109 よろけ縞

110

111

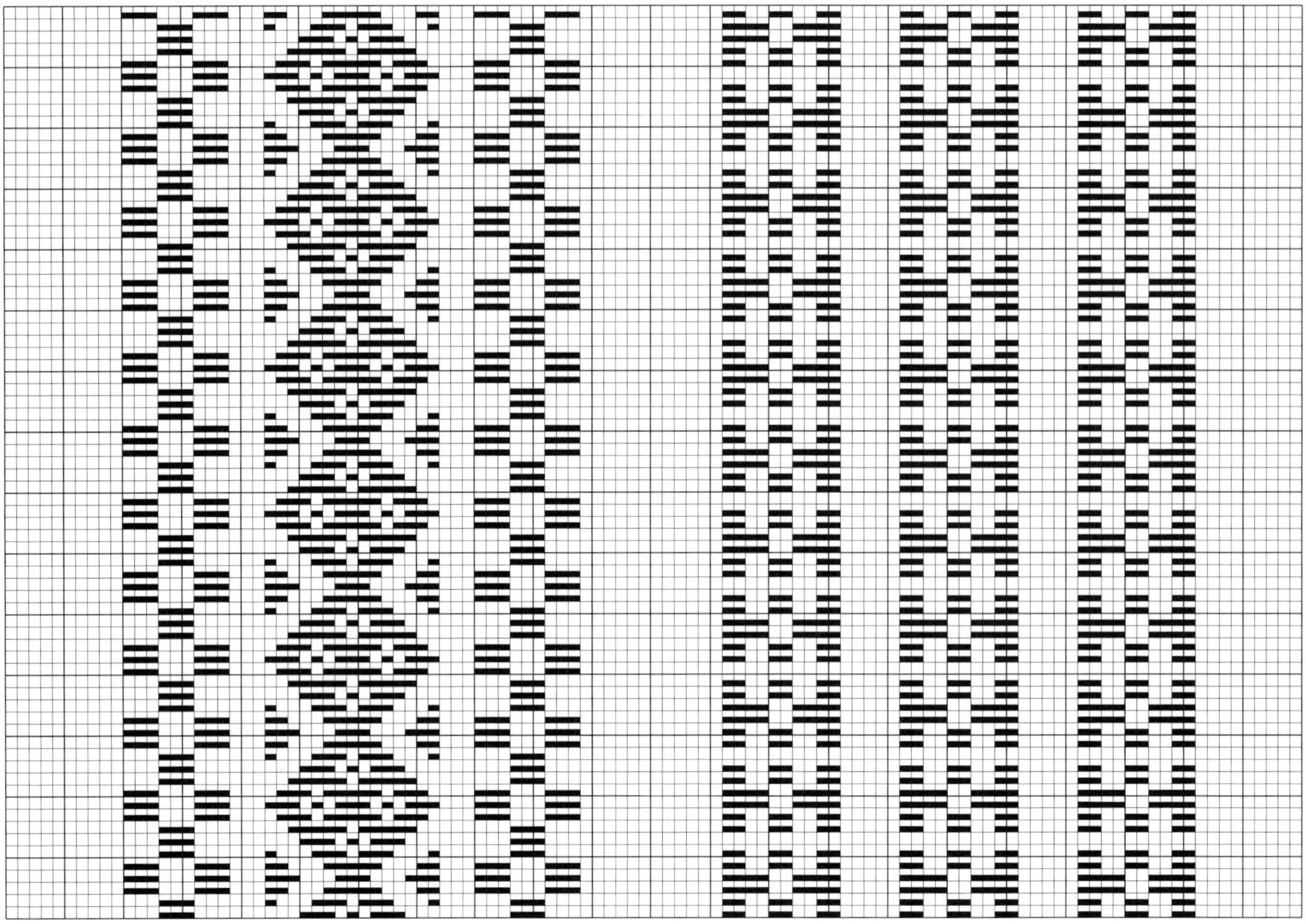

112 花織

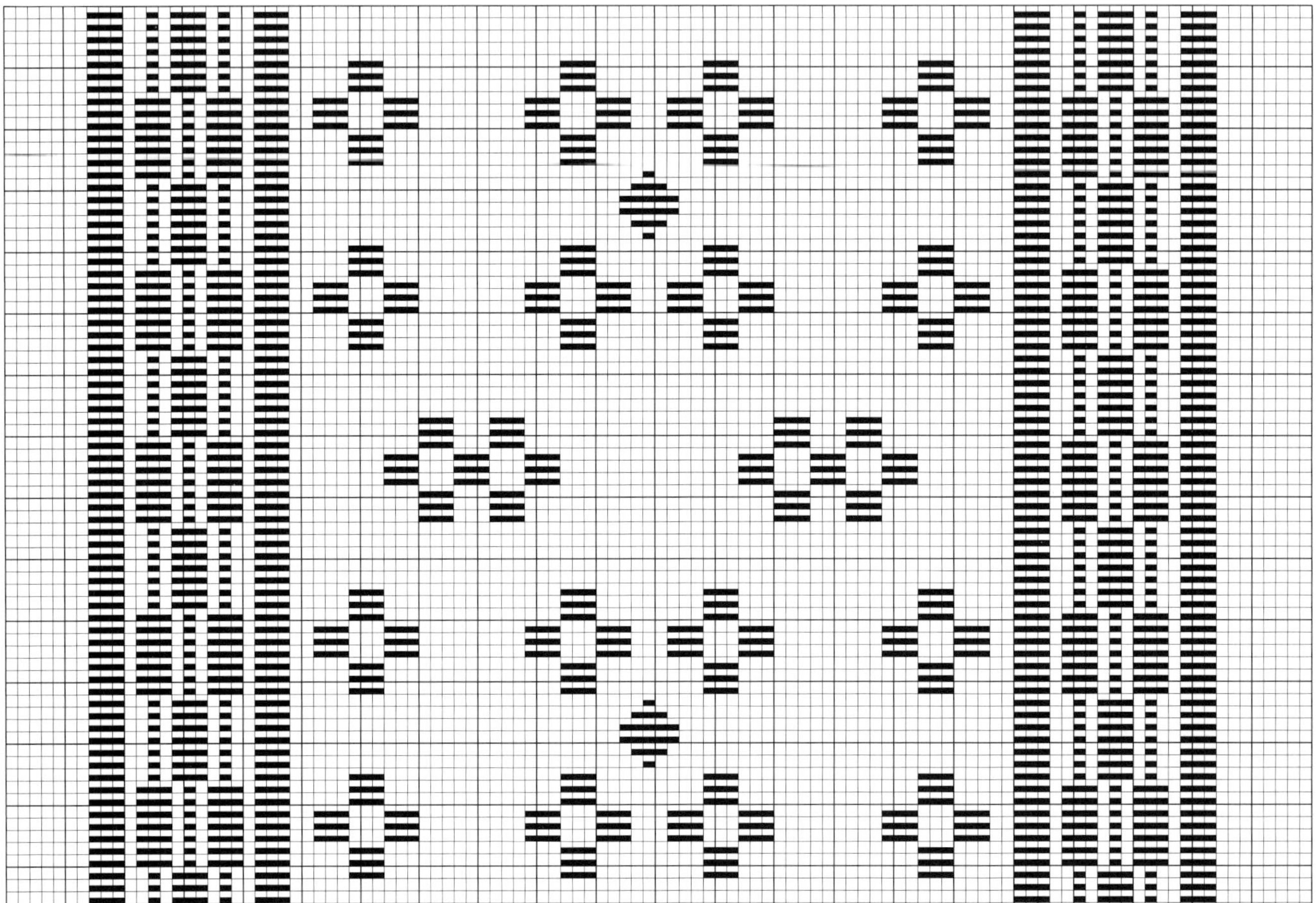

113 糸入り花コ重ねと花コ流れ囲み

114

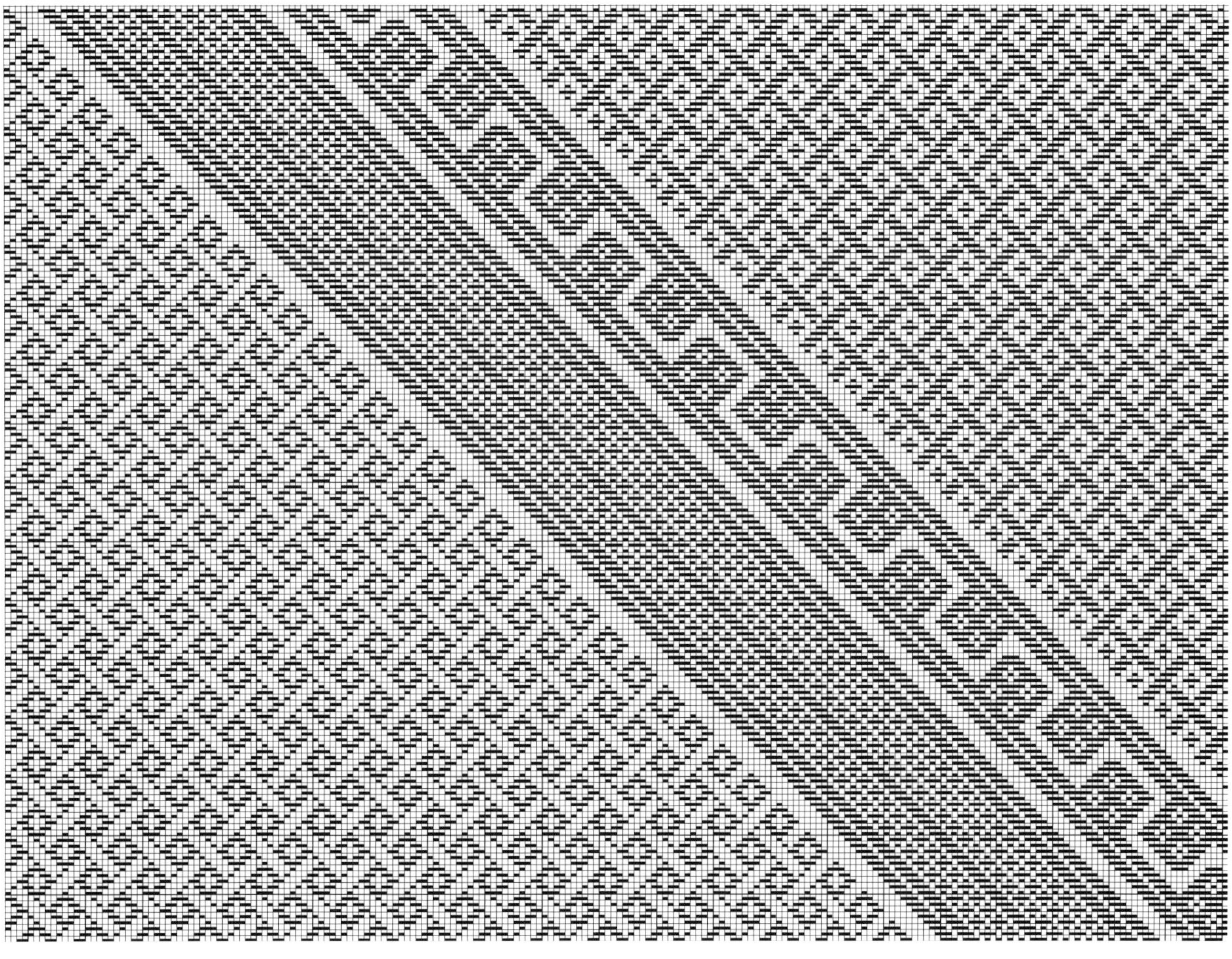

115

116

117

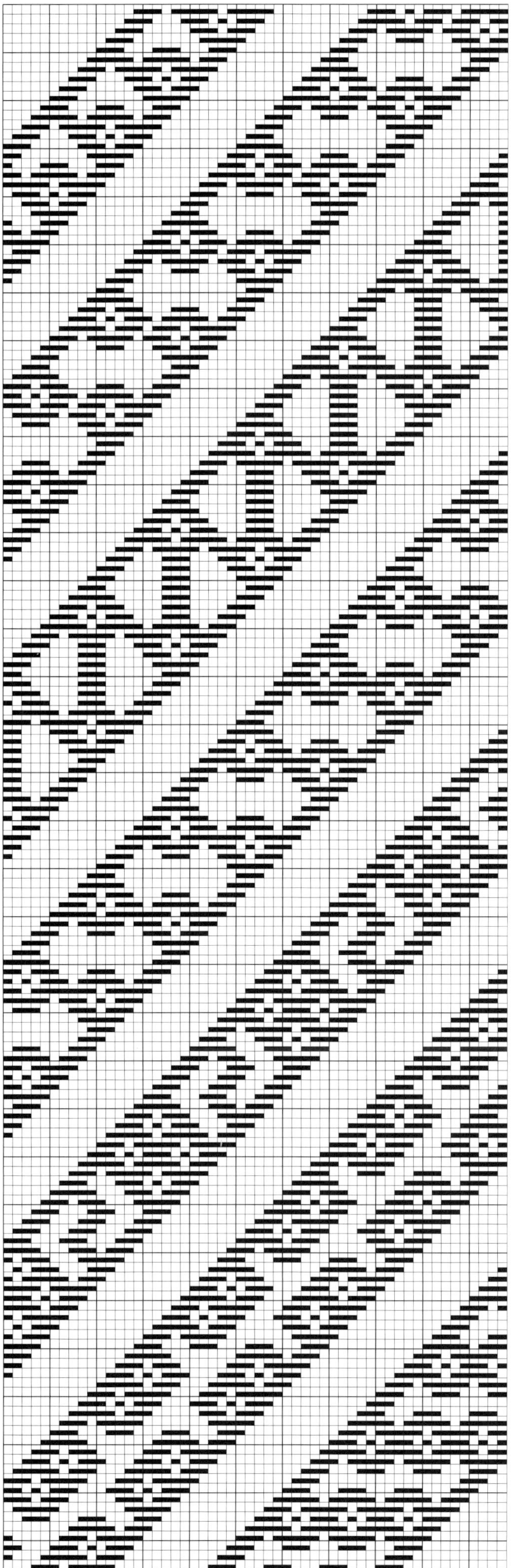

118

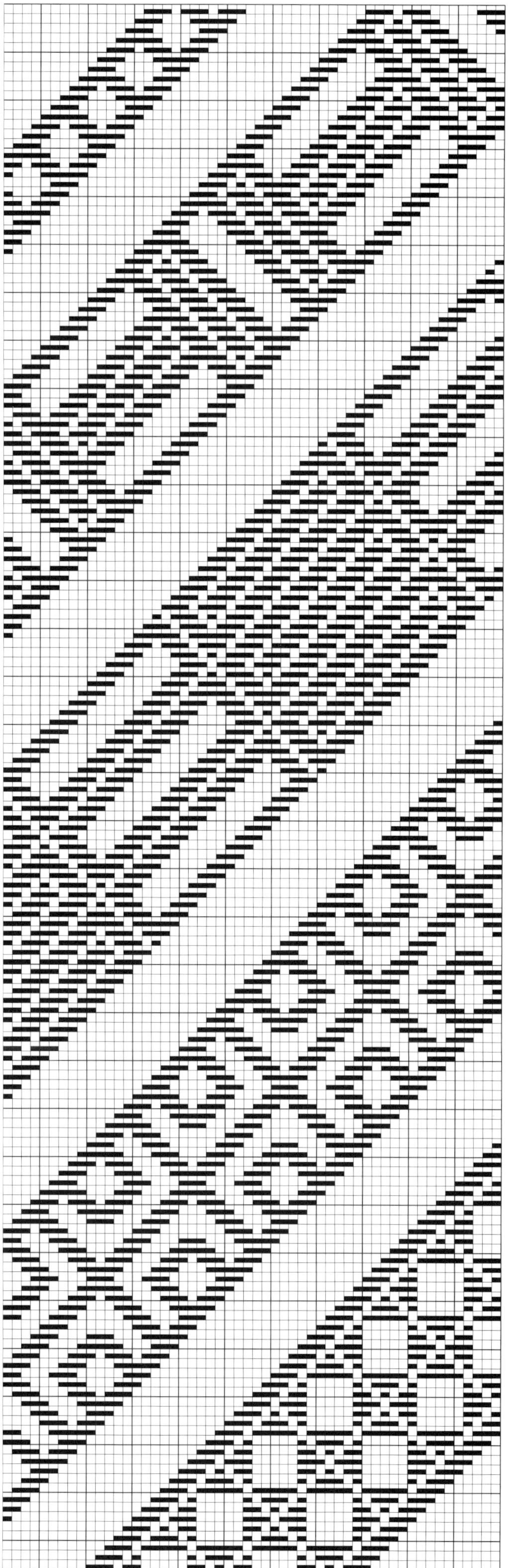

著者紹介

髙木《たかぎ》裕子《ひろこ》

原子《はらこ》 恭《きょう》 一《いち》

■髙木裕子

1967 年	こぎん刺しに出会い、独学で刺し始める
1986 年	コルマール市（フランス）に於ける NHK 文化センター主催日本文化祭参加
1987 年	こぎん刺しグループ木曜会創立。リュブリア市（ユーゴスラビア）に於ける NHK 文化センター主催日本文化祭参加
1988 年	ベオグラード市（ユーゴスラビア）に於ける NHK 文化センター主催日本文化祭参加
1989 年	横浜みつい画廊にてグループ展を皮切りに、毎年作品展を開催 ザグレブ市（ユーゴスラビア）に於ける NHK 文化センター主催日本文化祭参加
1991 年	銀座八木画廊にてグループ展。ザルツブルグ市（オーストリア）に於ける NHK 文化センター主催日本文化祭参加
1992 年	プラハ市（チェコスロバキア）に於ける NHK 文化センター主催日本文化祭参加
1993 年	銀座八木画廊にてグループ展
1994 年	銀座メルサにてグループ展
1995 年	カンヌに於けるエールフランス主催日本文化祭参加
1996 年	ブタペスト（ハンガリー）に於ける NHK 文化センター主催日本文化祭参加
1998 年	銀座八木画廊にてグループ展
2002 年	東京都美術館にて JIAC 国際美術展に出展、ビッグアーティスト賞受賞、以後会員として毎年参加
2005 年	ボルドー市（フランス）に於ける NHK 文化センター主催日本文化祭参加
2006 年	グラーツ市（オーストリア）に於ける NHK 文化センター主催日本文化祭参加
2007 年	ローザンヌ市（スイス）に於ける NHK 文化センター主催日本文化祭参加
2008 年	マドリード市（スペイン）に於ける NHK 文化センター主催日本文化祭参加
2009 年	銀座松島ギャラリーにて JIAC 国際美術展に出展（毎年作品展示）、第 1 回日仏文化交流展パリにて主催
2010 年	悠美会国際美術展出展。ワルシャワ（ポーランド）に於ける NHK 文化センター主催日本文化祭参加（現在、NHK 国際交流祭に名称変更）。日本橋高島屋 こぎん刺し作品展（女の手仕事）～永六輔こぎん刺しコレクション展示～
2011 年	第 2 回日仏文化交流展パリにて主催（第 2 回美術作家交流展 名称変更）
2012 年	こぎん刺し木曜会株式会社設立。人形町教室開講。こぎん刺し木曜会人形町教室講師 石巻グランドホテルに東日本大震災慰問寄付としてこぎん刺し数十点を寄贈
2013 年	フィレンツェ市（イタリア）に於ける NHK 文化センター主催日本文化祭参加
現　在	木曜会主宰、こぎん刺し普及会代表、 悠美会副理事、日仏文化交流展代表。 NHK 文化センター講師（青山、町田、柏、練馬光が丘、横浜、名古屋）、神戸新聞文化センター講師（三宮、姫路）、読売日本テレビ文化センター講師（大森）、リビングカルチャーセンター講師（静岡）、取手カルチャーセンター（取手） 著　書「ちょっと素敵なインテリア～こぎん刺し～」 「伝統のこぎん刺し　こぎん刺し図案集 165 パターン」（マコー社刊）

■原子恭一

広告業界でグラフィックデザイナー、CG（コンピューター・グラフィックス）デザイナーとして活動。専門学校にて CG クリエーター科講師を勤める。その傍ら、両親が青森出身であることから興味をもったこぎん刺しを独学で刺し始める。その後、髙木裕子に師事。文化財団・ロムアルド・デル・ビアンコ財団（イタリア・フィレンツェ市）に作品を寄贈。

■制作協力者（五十音順）

阿部　輝子　石倉　厚子　伊藤　陽子　大橋　彰子　川上　和子　菅野　泰江　上本　昌子　高来　敦子　小島須賀子
柴山　瑞枝　鈴木里恵子　竹田いち子　田原　和子　中村　信江　二木　幸子　羽田　州子　藤本　清香　藤原　弘子
星　　光子　細谷　悦子　森　　純子　盛　　文江　室井　昭子　結城　裕子

■伝統のこぎん刺し■

続・こぎん刺し図案集 118 パターン

著　者　髙木裕子　原子恭一

発行者　田波清治

発行所　株式会社 マコー社

〒 113-0033 東京都文京区本郷 4-13-7
TEL03-3813-8331　FAX03-3813-8333
郵便振替／東京 00190-9-78826

印刷所　大日本印刷株式会社

編　集　菊地小夜子　田波美保

2020 年 1 月 24 日 再版発行

ISBN978-4-8377-0113-2　定価はカバーに表示してあります。落丁・乱丁その他不良の品は弊社でお取り替えいたします。